AF532193

# Gennaros

# PIZZA · PANE
# PANETTONE

Gennaro Contaldo

MIT FOTOS VON DAN JONES

ars vivendi

FÜR ADRIANA UND LIZ

# INHALT

# EINFÜHRUNG

Als ich erfuhr, dass mein Verleger ein Buch zum Thema »Brot und Backen« plante, war ich richtig aufgeregt! Backen hat mich schon immer begeistert. Hätte sich meine berufliche Laufbahn anders entwickelt, wäre ich wohl Bäcker geworden. Die Verwandlungsfähigkeit der Zutaten Mehl, Hefe, Salz und Wasser ist einfach faszinierend. Schon als kleiner Junge verbrachte ich Stunden in der Bäckerei meines Onkels und sah ihm beim Vermischen, Kneten, Ziehen, Formen und Backen zu. Ich beobachtete, wie er die Laibe in seinen großen Holzbackofen schob und wieder herausholte. Der Duft war unwiderstehlich – ich konnte es kaum erwarten, eines der Brötchen zu bekommen. Auch meine Mutter backte meist ein Mal pro Woche: Am entsprechenden Morgen stieg mir schon beim Aufwachen der verführerische Duft selbst gebackener Köstlichkeiten in die Nase, sodass ich mit knurrendem Magen aus dem Bett sprang und in die warme Küche lief.

Als ich im *The Neal Street Restaurant* und später in meinem eigenen Restaurant arbeitete, fing ich immer ziemlich früh an – oft sogar mitten in der Nacht. Dann bereitete ich alle für den Tag benötigten Backwaren zu, also Brot, Focaccia, *torte salate*, je nach Tageskarte den Teig für *crostate* oder Spezialitäten wie *pastiera di grano* zu Ostern und *panettoncini* an Weihnachten. Ich genoss es, meinen Tag so zu beginnen – es war wie ein Ritual: angefangen beim Anheizen des Backofens und dem Ansetzen der Hefemischung, aus der nach kurzer Zeit Blasen aufstiegen, über das Gehenlassen des Teiges bis zu dem magischen Moment, wenn ich die gebackenen Köstlichkeiten aus dem Ofen holte.

Für mich ist Backen pure Magie. Noch immer finde ich es unglaublich, wie aus schlichten Zutaten herrliche Dinge entstehen, bei deren Duft Menschen überall auf der Welt das Wasser im Munde zusammenläuft.

Beim Backen warten wir gespannt und voll Vorfreude und fragen uns, ob das Brot, der Kuchen, die Kekse oder die Focaccia wohl gelungen sind, während der himmlische Duft das Haus mit einem unwiderstehlichen Aroma erfüllt! Auch Kinder experimentieren begeistert mit Teig, probieren eigene Formen aus, helfen beim Verrühren und schlecken zum Schluss den Löffel ab. Der Geschmack industriell hergestellter Backwaren reicht nie an das Aroma selbst gebackener Köstlichkeiten heran.

Wenn ich in Italien auf Reisen bin, sehe ich mir in den örtlichen *panetterie* (Bäckereien), die in kleineren Dörfern auch *forno* (Backofen) genannt werden, gerne ihre lokalen Spezialitäten an – nicht nur Brote, sondern auch Focaccia, torte salate, Törtchen, Kekse und Kuchen. Ich verlasse den Laden nie mit leeren Händen, denn ich liebe es, diese typischen Backwaren zu probieren. In italienischen Bäckereien wird alles in der eigenen Backstube gebacken; sie sind oft seit Generationen in

Familienhand! In den größeren *panetterie*, besonders in den Städten, werden auch Getränke verkauft, und die Gäste können an der Theke einen Espresso und eine Brioche zum Frühstück oder eine *pizzetta* als schnelles Mittagessen genießen.

Der *forno* oder die *panetteria* waren traditionell der Treffpunkt der Einheimischen. Nicht jede Familie hatte einen Backofen, weshalb die Hausfrauen den Brotteig und weitere Backwaren vorbereiteten und sie dann zur Bäckerei brachten, wo sie im Holzofen gebacken wurden. Da viele Leute ihre Backwaren vorbeibrachten, wurde jeder Laib mit einem anderen Symbol versehen, damit er hinterher der richtigen Person zurückgegeben werden konnte. In der Bäckerei war immer was los – während meiner Kindheit war dies noch ganz normal. Familien, die eigenen Grund und Boden zum Anbau von Nahrungsmitteln hatten, bauten sich darauf oft einen Backofen, sodass sie dort backen und sich zugleich um ihr kleines Feld kümmern konnten.

Alle Rezepte in diesem Buch wurden in einem elektrischen Backofen mit Umluft getestet. Aber ich liebe einfach alte Holzbacköfen. Deshalb habe ich mir vor einigen Jahren einen in meinem Garten bauen lassen. Ich backe darin Brot und Pizza – der Geschmack und der Duft erinnern mich an die Tage meiner Kindheit.

Brot und Backwaren stehen für Tradition: Die Bäckereien backen bestimmte Brote und Backwaren zu Ehren des örtlichen Schutzpatrons oder anlässlich von Festen wie Weihnachten, Ostern und Karneval. Jede Region hat ihre eigenen Spezialitäten, die einst einem Ritual entsprangen, nur für den Adel hergestellt wurden oder sogar aus der *cucina povera* (Arme-Leute-Küche) kommen. Und häufig verdankt ein Ort seine Berühmtheit einem bestimmten Produkt, das mit einem *sagre* (Food Festival) gefeiert wird.

Ich finde es spannend, mich mit der Herkunft und Entstehung eines Lebensmittels zu beschäftigen. In Italien gibt es dazu unzählige Geschichten, mit denen man Bände füllen könnte. In diesem Buch möchte ich eine Auswahl meiner Lieblingsrezepte vorstellen, die leicht zuzubereiten sind. Diese Backwaren, von denen manche traditionell, andere ungewöhnlich und einige modern abgewandelt sind, findet man für gewöhnlich in typisch italienischen Bäckereien.

Guten Appetit und viel Spaß beim Backen!

PANIFICIO
COMMESTIBILI
74
FORNO
BAECKEREI

# MEHLSORTEN

## FÜR BROT, PIZZA, FOCACCIA UND PAN DOLCI

Am besten ein Qualitätsmehl Type 550/812/1050 mit höherem Eiweißgehalt verwenden, das sich perfekt zum Brotbacken eignet. Ich nehme gerne kleberstarkes kanadisches Mehl oder italienisches Manitobamehl Type 00 mit höherem Eiweißgehalt, das in guten Feinkostgeschäften und online erhältlich ist. Bitte nicht mit Pizzamehl Type 00 verwechseln! Daher vor der Verwendung die Packungsaufschrift durchlesen, um sicherzugehen, dass sich das Mehl zum Brotbacken eignet.

*Semola di grano duro rimacinata* (Hartweizengrieß) eignet sich für rustikale Brote wie Altamura. Sie verleihen dem Brot seine typisch gelbe Farbe. Auch dieses Mehl ist im italienischen Feinkosthandel oder online erhältlich.

## FÜR GEBÄCK UND KEKSE

Ein übliches Haushaltsmehl von guter Qualität (Type 405) wird aus Weichweizen gemahlen und ist überall erhältlich. Vor dem Kauf die Packungsaufschrift durchlesen, da viele Marken dort angeben, wofür sich das Mehl eignet.

## FÜR KUCHEN

Dem Haushaltsmehl von guter Qualität (Type 405) muss Backpulver zugesetzt werden. In Italien wird es in kleinen Tütchen unter dem Namen *lievito per dolci* (Backtriebmittel für Kuchen) verkauft. Vor der Verwendung wiederum die Aufschrift lesen.

## GLUTENFREIES MEHL

Kichererbsen-, Kastanien-, Reis-, Kartoffel-, Mais- und Mandelmehl sind glutenfrei. Allerdings kann man normales Mehl nicht einfach damit ersetzen, da das Ergebnis dann oft zu wünschen übrig lässt. Viele dieser Mehle müssen für die nötige Festigkeit und Konsistenz des Gebäcks mit anderen Mehlen gemischt werden. Glutenfreie Rezepte sind in diesem Buch (anhand der Rezepttitel) deutlich hervorgehoben. Beim Backen mit glutenfreiem Mehl stets an das Rezept halten und die Packungsaufschrift genau durchlesen.

Classica

# HEFE

Hefe gehört zur Familie der Pilze und wird als Backtriebmittel in Broten und anderen Backwaren, deren Teig aufgehen soll, verwendet. Dazu muss die Hefe ihr Volumen vergrößern, was ihr mit den nötigen Nährstoffen am besten in einer feuchten, warmen Umgebung gelingt. Hefe ist lebendig und muss ihren Ansprüchen entsprechend behandelt werden – daher löst man sie in lauwarmem Wasser oder Milch auf, bevor man die Mischung zum Mehl gibt. Hefe ist als Frischhefe(-würfel) oder Trockenhefe erhältlich.

## FRISCHHEFE

Ich verwende gerne Frischhefe, da ich damit meiner Erfahrung nach die besten Ergebnisse erziele. Sie ist in Bäckereien und Supermärkten erhältlich. Bei größeren Blocks, die man in der Bäckerei kaufen kann, kann man die nicht verwendete Hefe fest in Frischhaltefolie wickeln und bis zu 2 Wochen im Kühlschrank aufbewahren. Oder man friert sie fest eingewickelt ein – so hält sie sich etwa bis zu 1 Monat.

### TROCKENHEFE

Trotz meiner Vorliebe für Frischhefe habe ich immer einige Tütchen Trockenhefe in meinem Vorratsschrank. Bei ihrer Herstellung wird Frischhefe getrocknet, sodass das Endprodukt wesentlich konzentrierter ist. Trockenhefe wird meist in Tütchen à 7 g verkauft und mit Mehl vermengt, bevor man Flüssigkeit zugibt.

Für die Rezepte in diesem Buch habe ich Frischhefe verwendet, die jedoch auch durch Trockenhefe ersetzt werden kann. Vor der Verwendung die Packungsaufschrift durchlesen, um die benötigte Menge herauszufinden.

## BIGA

*Biga* (Vorteig) wird in Italien schon seit Ewigkeiten zum Brotbacken verwendet. Der Teig geht dadurch besser auf, das Brot erhält eine leichte, offene Porung und ist länger haltbar. Der Vorteig wird jeden Tag neu aus einer winzigen Menge Frischhefe, vermischt mit Wasser und etwas Mehl (gleiche Type wie für das Brot), angesetzt. Manchmal wird später noch etwas extra Frischhefe zugegeben, um die Gehzeit zu verkürzen. Man kann jedoch auch nur die *biga* zum Brotbacken verwenden, sollte sie dann aber länger gehen lassen.

**1,2 g Frischhefe**
**60 ml lauwarmes Wasser**
**120 g Weizenmehl Type 550/812/1050 oder Hartweizengrieß**

Die Hefe im lauwarmen Wasser auflösen. Das Mehl auf eine saubere Arbeitsfläche sieben, die Hefemischung zufügen und gründlich vermengen. Mit Frischhaltefolie abdecken und vor der Verwendung bei Zimmertemperatur 24 Stunden gehen lassen.

### ZUBEREITUNGSHINWEISE

• Eistreich: 1 Bio-Eigelb und 1 EL Milch in einer Schüssel leicht verquirlen.

• Backformen: Mit etwas Öl oder weicher bzw. zerlassener Butter einfetten. Gegebenenfalls mit Butterbrot- oder Backpapier auslegen.

• Teigruhe: Den Teig am besten in den Backofen stellen und nur das Backofenlicht einschalten.

# PANE

Brot ist in meinen Augen einzigartig: Wie kein anderes Nahrungsmittel steht es für Sättigung und Vollkommenheit. Seit Jahrtausenden dient es in den meisten Ländern dieser Erde als Grundnahrungsmittel. Es gab sogar Zeiten, in denen die Menschen kaum etwas anderes als Brot zu essen hatten. Es ist eine der schlichtesten Speisen, die wir kennen.

Wir Italiener halten das Brot in Ehren und essen es zu jeder Mahlzeit – zum Frühstück tauchen wir es in unseren Caffè Latte, zum Mittag- oder Abendessen verzehren wir es als Beilage. Zur traditionellen *merenda* (kleine Brotzeit) nach der Schule bekommen die Kinder schon immer *pane, burro e marmelata* (Brot, Butter und Marmelade). Falls gerade aus irgendeinem Grund kein frisches Brot vorrätig sein sollte, haben Italiener zur Not immer *grissini, taralli, freselle* oder andere Dauerbackwaren im Vorratsschrank.

Brot spielt in der italienischen Esskultur eine herausragende Rolle und ist fester Bestandteil zahlreicher Bräuche, Feste und religiöser Feiern. Zum Patronatstag werden in jedem Dorf traditionell besondere Brote gebacken. Gemeindemitglieder gehen mit großen Körben voller Votivbrote von Tür zu Tür, die sie gegen eine kleine Spende verteilen. Brot und Religion sind eng miteinander verwoben, denn Brot gilt als Geschenk Gottes. Brotreste werden nicht weggeworfen, da dies Unglück bringen soll. Die Reste werden vielmehr zu Bröseln verarbeitet oder anderweitig kulinarisch verwertet. Bei uns findet man sogar Brotmuseen, nämlich in Trapani auf Sizilien, in Cosenza und auf Sardinien.

In Italien soll es über 1500 Brotsorten geben. Jede Region oder Stadt, jedes Dorf und sogar jede Bäckerei hat eine eigene Spezialität – bei manchen ist es die Art des Backens oder die Teigruhe, bei anderen das besondere Mehl oder die Form des Laibs. Am berühmtesten ist wohl das *Pane di Altamura* – ein Brot aus dem gleichnamigen Städtchen in Apulien, das vor einigen Jahren weltweit Schlagzeilen machte, als die Einheimischen dafür kämpften, lieber die örtliche McDonalds-Filiale zu schließen als ihre Bäckerei. Das rustikale Brot wird aus regionalem Hartweizengrieß gebacken und hat eine herrlich gelbe Krume mit knuspriger Kruste. Inzwischen trägt es das DOP-Siegel (geschützte Herkunftsbezeichnung). Fast ebenso bekannt ist das *Pane di Genzano* (DOP) aus einer Stadt nahe Rom, deren weiches Weizenbrot mit Weizenkleie bestreut wird.

Es gibt nichts Schöneres, als sein eigenes Brot zu backen – das Aroma eines frisch gebackenen Brotlaibs ist unvergleichlich. Und dabei ist es so einfach: Aus Mehl, Hefe, Salz und Wasser entsteht ein traditioneller Laib. Die meisten Brote werden aus diesen Grundzutaten hergestellt, so auch die beliebten *grissini* (Brotstangen), die in Italien zum Essen so oft auf dem Tisch stehen.

Etwas anspruchsvoller sind feine Backwaren wie das *Casatiello*, das man in Süditalien zu Ostern backt. Aber wir Italiener experimentieren inzwischen auch gerne mit alten Sorten wie Dinkel oder Buchweizen und verfeinern den Teig mit gesunden Saaten.

Traditionell wird Brot mit *biga* (Vorteig) hergestellt. Dazu wird ein wenig Teig vom Vortag aufbewahrt und dann beim Ansetzen eines neuen Teiges hinzugefügt. Die *biga* oder *la Madre* (Mutter), wie sie auch manchmal genannt wird, setzt man nur mit Mehl und Wasser an. Sie fermentiert so auf natürliche Weise über einen längeren Zeitraum. Gelegentlich gibt man Naturjoghurt oder ein klein wenig Hefe zu, um die Dinge zu beschleunigen.

# DIE VERSCHIEDENEN PHASEN DER BROTZUBEREITUNG

## MISCHEN

Zuerst werden die Grundzutaten vermengt, meist Mehl und Salz. Dann gießt man die Hefemischung und die restliche Flüssigkeit zu. Anschließend wird alles mit einem Holzlöffel oder von Hand zu einem Teig vermengt. Alle Rezepte in diesem Buch wurden gründlich getestet. Doch manchmal benötigen Teige etwas mehr oder weniger Flüssigkeit – oft spielt die wetterbedingte Luftfeuchtigkeit dabei eine Rolle. Falls der Teig zu feucht erscheint, nachdem die angegebene Flüssigkeit hinzugefügt wurde, einfach ein wenig zusätzliches Mehl einarbeiten.

## KNETEN

Bei diesem Prozess wird der Teig bearbeitet, damit sich die Hefe gleichmäßig darin verteilt und die im Mehl enthaltenen Eiweiße sich zu Gluten umbilden. Dazu den Teig auf die mit Mehl bestäubte Arbeitsfläche legen. Den Handballen auf die Teigkugel pressen und mit Druck vom Körper wegschieben. Mit den Fingerspitzen wenden und dabei zum Körper hinziehen. Diesen Vorgang 10 Minuten abwechselnd mit beiden Händen wiederholen. Anschließend den Teig zu einer festen Kugel formen und mit einem Finger eindrücken: Wenn er elastisch ist und eine glatte Oberfläche hat, ist er fertig. Teige für feine Backwaren wie Brioche sind feuchter und lassen sich besser in einer Rührschüssel mit dem Knethaken des Mixers zubereiten.

## ERSTE GEHZEIT (STOCKGARE)

In dieser Phase lässt man den Teig ruhen, damit er sein Volumen vergrößert. Die Teigkugel dazu in eine große Schüssel legen, mit einem sauberen Geschirrtuch oder Frischhaltefolie abdecken und an einen warmen Ort stellen, z. B. in den Backofen mit eingeschalteter Ofenlampe. An einem heißen Tag kann man den Teig auch einfach abgedeckt in der Küche stehen lassen. Die Gehzeiten im Rezept sollten befolgt werden, können aber, falls nötig, etwas verkürzt oder verlängert werden. Für normalen Brotteig reicht meist 1 Stunde; sein Volumen sollte sich dann verdoppelt haben. Vorsicht: Der Teig kann auch zu stark aufgehen und dann zusammenfallen. In diesem Fall einige Minuten durchkneten und dann weiter gehen lassen. Der Teig kann auch im Voraus zubereitet, abgedeckt und im Kühlschrank aufbewahrt werden, wo er nur sehr langsam geht. Zur gewünschten Zeit verwenden.

## AUFARBEITEN

Hier werden die Luftblasen, die sich beim Gehen gebildet haben, beseitigt. Ansonsten würde der Teig irgendwann zusammenfallen. Dazu knetet man ihn einfach erneut ein paar Minuten. Manchmal werden im Rezept noch weitere Zutaten genannt, die nun mit dem Teig vermischt und gut eingearbeitet werden. Anschließend wird der Teig geformt, entweder zu einem großen Laib oder zu kleineren Brötchen. Mit einem Teigschneider zerteilt man ihn in Portionen. Den geformten Teig in die vorbereitete Backform oder auf das Backblech legen.

## ZWEITE GEHZEIT (STÜCKGARE)

Die letzte Gehzeit vor dem Backen: Den Teig locker abdecken und an einem warmen Ort nochmals gehen lassen. Die Stückgare darf nicht so lange dauern wie die Stockgare. Daher sollte man immer dem Rezept folgen und den Teig nicht zu lange gehen lassen: Er muss gut aufgegangen sein und sollte sich weich und elastisch anfühlen. Wenn man ihn mit einer Fingerspitze eindrückt, sollte sich die Delle langsam wieder zurückbilden. Während dieser Phase wird der Backofen vorgeheizt.

## BACKEN

Jetzt wird das Brot in den heißen Backofen geschoben (auf die richtige Backtemperatur achten!). Zu Beginn geht der Teig durch die Dampfbildung noch weiter auf. Dieser Prozess endet jedoch, sobald er auszuhärten beginnt und die Hefe abstirbt. Man sollte sich generell an die im Rezept angegebene Backzeit halten, doch Backöfen sind verschieden, weshalb die Zeit leicht abweichen kann. Für dieses Buch wurden alle Rezepte in einem Umluftbackofen ausprobiert. Sobald der Brotlaib rundum goldbraun ist und hohl klingt, wenn man auf die Unterseite klopft, ist er fertig. Mit Alufolie abdecken, falls die Oberseite zu schnell braun wird. Oder das Brot, falls möglich, auf die Seite kippen und dann weiterbacken. Das fertige Brot aus dem Ofen nehmen und vor dem Verzehr auf einem Kuchengitter auskühlen lassen.

Mein Brotgrundrezept mit einfachen Zutaten ist schnell und leicht zubereitet, sodass man es problemlos jeden Tag backen kann.

# GRUNDREZEPT BROTTEIG

**Für 6 Personen**

**Hartweizengrieß zum Bestreuen**
**12 g Frischhefe**
**350 ml lauwarmes Wasser**
**500 g Weizenmehl Type 550**
**1 ¼ TL Salz**

Ein Backblech mit Grieß bestreuen.

Die Hefe im lauwarmen Wasser auflösen. Mehl und Salz auf einer sauberen Arbeitsfläche vermischen. Nach und nach die Hefemischung zugießen, alles gut vermengen und mit den Händen zu einem weichen Teig verarbeiten. 10 Minuten kneten, bis er glatt und elastisch ist. In eine große Schüssel legen, mit einem sauberen Geschirrtuch abdecken und an einem warmen Ort 1 Stunde gehen lassen, bis sich sein Volumen verdoppelt hat.

Den Teig nochmals kurz kneten und zu einem runden (oder beliebig gestalteten) Laib formen (Formideen siehe nächste Seite – es gibt zahllose traditionelle Formen zum Ausprobieren). Auf das vorbereitete Backblech legen, mit einem sauberen Geschirrtuch abdecken und erneut 30 Minuten gehen lassen.

Inzwischen den Backofen auf 220 °C (Umluft) vorheizen.

Das Brot auf unterster Schiene 30 Minuten im Ofen backen. Um zu sehen, ob es fertig ist, am besten vorsichtig auf die Unterseite klopfen: Wenn es hohl klingt, aus dem Backofen holen und abkühlen lassen.

Frisch gebacken schmeckt das Brot hervorragend. Bei richtiger Lagerung hält es sich allerdings auch ein paar Tage und lässt sich gut für *bruschetta* toasten oder zu Semmelbröseln verarbeiten.

*Grissini* wurden erstmals im 17. Jahrhundert in Turin zubereitet, und zwar für einen Herzogssohn, der kein Brot vertrug. Seitdem sind sie fester Bestandteil des italienischen Brotkorbs und besonders beliebt bei Damen auf Diät, die diese leichten, knusprigen Brotsticks bevorzugen. In Italien können handwerklich hergestellte *grissini* aus einer guten Bäckerei bis zu 80 cm lang sein: Manche davon sind gezwirbelt, andere sehr lang und dünn. Ich backe meine *grissini* gerne selbst, da sie sich länger halten und einen wunderbaren Snack abgeben. Besonders köstlich schmecken sie mit *prosciutto* umwickelt zu einem Drink oder als Teil der *antipasti*. Dies ist mein Rezept für schlichte *grissini* – wer will, kann sie noch verfeinern (siehe S. 26/27).

# GRISSINI – GRUNDREZEPT

Brotstangen

Ergibt ca. 24 Stück

15 g Frischhefe
280 ml lauwarmes Wasser
250 g Weizenmehl Type 550, plus mehr zum Arbeiten
250 g Hartweizengrieß, plus mehr zum Bestreuen
1 ½ TL Salz
4 EL natives Olivenöl extra

Die Hefe im lauwarmen Wasser auflösen. Mehl, Grieß und Salz vermengen. Erst Olivenöl, dann nach und nach die Hefemischung zugießen und alles gründlich zu einem Teig verarbeiten. 5 Minuten kneten, dann mit einem sauberen Geschirrtuch abdecken und an einem warmen Ort 20 Minuten gehen lassen.

Den Teig auf einer leicht bemehlten Arbeitsfläche etwa zu einem Quadrat ausrollen. Dünn mit Wasser bestreichen und mit 1 Handvoll Grieß bestreuen. Mit einem Teigrad oder einem scharfen Messer in 2 cm breite Streifen schneiden. Auf die Länge kommt es nicht an; die Stangen dürfen ruhig unterschiedlich sein.

Ein Backblech mit etwas Grieß bestreuen. Die *grissini* vorsichtig an beiden Enden ziehen und mit etwa 2 cm Abstand auf das Blech legen. Falls sie stangenförmig sein sollen, die Teigstreifen vorher behutsam mit den Fingern einrollen. An einem warmen Ort 30 Minuten gehen lassen.

Inzwischen den Backofen auf 220 °C (Umluft) vorheizen.

Die *grissini* 10 Minuten im Ofen backen. Dann herausnehmen und die Hitze auf 100 °C reduzieren. Sobald der Backofen diese Temperatur erreicht hat, die *grissini* weitere 40 Minuten goldbraun backen. Herausnehmen und abkühlen lassen.

Mit Parmesan schmecken die Brotstangen noch verführerischer.

# GRISSINI AL PARMIGGIANO

## Parmesanbrotstangen

**Ergibt ca. 24 Stück**

**15 g Frischhefe**
**280 ml lauwarmes Wasser**
**250 g Weizenmehl Type 550, plus mehr zum Arbeiten**
**250 g Hartweizengrieß, plus mehr zum Bestreuen**
**1 ½ TL Salz**
**85 g Parmesan, frisch gerieben**
**4 EL natives Olivenöl extra**

Die Hefe im lauwarmen Wasser auflösen. Mehl, Grieß, Salz und geriebenen Parmesan vermengen. Erst Olivenöl, dann nach und nach die Hefemischung zugießen und alles gründlich zu einem Teig verarbeiten. 5 Minuten kneten, dann mit einem sauberen Geschirrtuch abdecken und an einem warmen Ort 20 Minuten gehen lassen.

Den Teig auf einer leicht bemehlten Arbeitsfläche etwa zu einem Quadrat ausrollen. Dünn mit Wasser bestreichen und mit 1 Handvoll Grieß bestreuen. Mit einem Teigrad oder einem scharfen Messer in 2 cm breite Streifen schneiden. Auf die Länge kommt es nicht an; die Brotstangen dürfen ruhig unterschiedlich sein.

Ein Backblech mit etwas Grieß bestreuen. Die *grissini* vorsichtig an beiden Enden ziehen und mit etwa 2 cm Abstand auf das Blech legen. Falls sie stangenförmig sein sollen, die Teigstreifen vorher behutsam mit den Fingern einrollen. An einem warmen Ort 30 Minuten gehen lassen.

Inzwischen den Backofen auf 220 °C (Umluft) vorheizen.

Die *grissini* 10 Minuten im Ofen backen. Dann herausnehmen und die Hitze auf 100 °C reduzieren. Sobald der Backofen diese Temperatur erreicht hat, die *grissini* weitere 40 Minuten goldbraun backen. Herausnehmen und abkühlen lassen.

Gehackte Kräuter verleihen diesen *grissini* ein besonderes Aroma und sorgen für etwas Farbe.

# GRISSINI ALLE ERBE

## Brotstangen mit Kräutermischung

Ergibt ca. 24 Stück

15 g Frischhefe
180 ml lauwarmes Wasser
250 g Weizenmehl Type 550, plus mehr zum Arbeiten
250 g Hartweizengrieß, plus mehr zum Bestreuen
1 ½ TL Salz
Nadeln von 1 Rosmarinzweig, fein gehackt
1 Handvoll Thymianblättchen, fein gehackt
8 Salbeiblätter, fein gehackt
4 EL natives Olivenöl extra

Die Hefe im lauwarmen Wasser auflösen. Mehl, Grieß, Salz und Kräuter vermengen. Erst Olivenöl, dann nach und nach die Hefemischung zugießen und alles gründlich zu einem Teig verarbeiten. 5 Minuten kneten, dann mit einem sauberen Geschirrtuch abdecken und 20 Minuten gehen lassen.

Den Teig auf einer leicht bemehlten Arbeitsfläche etwa zu einem Quadrat ausrollen. Dünn mit Wasser bestreichen und mit 1 Handvoll Grieß bestreuen. Mit einem Teigrad oder einem scharfen Messer in 2 cm breite Streifen schneiden. Auf die Länge kommt es nicht an; die Brotstangen dürfen ruhig unterschiedlich sein.

Ein Backblech mit etwas Grieß bestreuen. Die *grissini* vorsichtig an beiden Enden ziehen und mit etwa 2 cm Abstand auf das Blech legen. Falls sie stangenförmig sein sollen, die Teigstreifen vorher behutsam mit den Fingern einrollen. An einem warmen Ort 30 Minuten gehen lassen.

Inzwischen den Backofen auf 220 °C (Umluft) vorheizen.

Die *grissini* 10 Minuten im Ofen backen. Dann herausnehmen und die Hitze auf 100 °C (Umluft) reduzieren. Sobald der Backofen diese Temperatur erreicht hat, die *grissini* weitere 40 Minuten goldbraun backen. Herausnehmen und abkühlen lassen.

Ich experimentiere gerne: Durch die Zugabe von Ricotta bekommt das Brot eine lockere Konsistenz und die Salbeiblätter verleihen ihm ein feines Aroma. Man kann sie aber auch weglassen oder nach Belieben noch mehr Salbei zugeben. Mit Butter bestrichen schmecken die Brotscheiben besonders gut. Etwas Käse dazu und schon wird daraus ein wunderbarer kleiner Snack.

# TRECCIA CON RICOTTA E SALVIA

## Brotzopf mit Ricotta und Salbei

Für 6–8 Personen

- 12 g Frischhefe
- 200 ml lauwarmes Wasser
- 250 g Weizenmehl Type 550, plus mehr zum Arbeiten
- 250 g Hartweizengrieß, plus mehr zum Bestreuen
- 160 g Ricotta
- 2 TL flüssiger Honig
- 1 TL Salz
- 10 kleine Salbeiblätter, fein gehackt

Ein großes Backblech mit Backpapier auslegen.

Die Hefe im lauwarmen Wasser auflösen. Mehl und Grieß auf einer sauberen Arbeitsfläche vermengen. In die Mitte eine Mulde drücken und die Hefemischung, Ricotta, Honig, Salz und Salbei hineingeben. Gründlich zu einem Teig verarbeiten und 10 Minuten kneten. Zu einer Kugel formen, mit Frischhaltefolie abdecken und an einem warmen Ort 1 ½ Stunden gehen lassen, bis sich sein Volumen verdoppelt hat.

Den Teig in drei gleich große Stücke teilen. Jedes Stück zu einem langen Strang (ca. 50 cm) formen und die drei Stränge zu einem Zopf flechten. Auf das vorbereitete Backblech legen, mit einem sauberen Geschirrtuch abdecken und weitere 1 ½ Stunden gehen lassen.

Inzwischen den Backofen auf 200 °C (Umluft) vorheizen.

Den Zopf mit etwas Mehl bestäuben und 35 Minuten im Ofen backen. Anschließend herausnehmen, abkühlen lassen, in Scheiben schneiden und genießen.

Diese herrlich weichen Milchbrötchen eignen sich für Kinder und ältere Menschen, denen es schwerfällt, knuspriges Brot zu kauen. Als besondere Leckerei füllt man diese Brötchen gerne mit einer Nussnugatcreme oder Marmelade. Kinder essen sie als Snack direkt nach der Schule oder auch zum Kindergeburtstag. Wenn man sie mit Körnern bestreut, sehen sie noch hübscher aus und sind zudem gesünder.

# PANINI AL LATTE

Milchbrötchen

Ergibt 12 Stück

12 g Frischhefe
½ TL Zucker
160 ml lauwarme Milch
350 g Weizenmehl Type 550
½ TL Salz
1 Bio-Ei, verquirlt
50 g weiche Butter
Eistreich (siehe S. 13)
Sesamsamen, Kürbis- und Sonnenblumenkerne oder andere Körner nach Belieben

Ein Backblech mit Backpapier auslegen.

Hefe und Zucker in der lauwarmen Milch auflösen. Mehl und Salz vermengen, dann verquirltes Ei und Butter zugeben. Nach und nach die Hefemischung zugießen und gut mit den Händen einarbeiten, dann 10 Minuten zu einem weichen Teig verkneten. Zu einer Kugel formen, mit einem sauberen Geschirrtuch abdecken und an einem warmen Ort 1 ½ Stunden gehen lassen, bis sich das Volumen verdoppelt hat.

Den Teig erneut 2 Minuten kneten, dann in 12 Stücke teilen. Jedes Stück mit der Hand zu einer Rolle formen und jede zu einer Schnecke drehen. Auf das vorbereitete Backblech legen, mit einem sauberen Geschirrtuch abdecken und an einem warmen Ort nochmals 30 Minuten gehen lassen.

Inzwischen den Backofen auf 200 °C (Umluft) vorheizen.

Die Schnecken mit Eistreich bepinseln und die Körner obenauf streuen. Etwa 15–20 Minuten im Ofen backen, bis sie goldbraun sind, dann herausnehmen, abkühlen lassen und genießen!

Dieses Brot stammt aus dem alten Neapel: Die Wohlhabenden sprachen damals Französisch, während sich die normale Bevölkerung auf *cafone* (»bäurisch«) unterhielt. Auch das Brot, das die ärmeren Neapolitaner aßen, wurde so genannt. Es ist fix zubereitet und muss nicht einmal geknetet werden, denn man lässt den Teig einfach 24 Stunden gehen. Traditionell wird es im Holzbackofen gebacken, aber es gelingt auch in einem gusseisernen Topf – er sollte nur tief genug sein, damit das Brot bei aufgelegtem Deckel genügend Platz beim Backen hat. Ich liebe das knackende Geräusch, wenn man den Topf aus dem Backofen holt! Das Brot hat eine herrlich leichte Krume, die von einer schönen Kruste geschützt wird. Ich muss dabei immer an den Geschmack des Brotes aus meiner Kindheit denken.

# PANE CAFONE

Neapolitanisches Bauernbrot

**Für 4 Personen**

**3 g Frischhefe**
**250 ml lauwarmes Wasser**
**375 g Weizenmehl Type 550, plus mehr zum Arbeiten**
**1 ½ TL Salz**

Die Hefe im lauwarmen Wasser auflösen. Das Mehl in die Schüssel einer Küchenmaschine geben und mit dem Salz vermengen. Die Hefemischung nach und nach und unter ständigem Rühren bzw. Kneten mit dem Knethaken dazugießen. So lange bearbeiten, bis der Teig eine zähe Konsistenz hat. An einem warmen Ort mit Frischhaltefolie abgedeckt 24 Stunden gehen lassen.

Den Teig am nächsten Tag auf eine leicht bemehlte Arbeitsfläche legen, behutsam einige Male falten und in eine runde Form bringen. Mit etwas Mehl bestäuben. Mit einem sauberen Geschirrtuch abdecken und 2 weitere Stunden gehen lassen.

Den Backofen nach 1 Stunde auf 220 °C (Umluft) vorheizen und einen leeren, gusseisernen Topf (ohne Deckel) in den Backofen stellen.

Nach der Stückgare des Teigs den Topf aus dem Ofen nehmen und das Brot vorsichtig hineinlegen. Die Oberseite der Teigkugel mehrfach einschneiden, den Deckel auflegen und den Topf sofort auf unterster Schiene in den Ofen stellen. 30 Minuten backen, dann den Deckel abnehmen und das Brot weitere 15 Minuten backen.

Herausnehmen, das Brot aber noch 10 Minuten im Topf lassen. Diesen dann stürzen und das Brot auf einem Kuchengitter komplett auskühlen lassen. In Scheiben schneiden und genießen!

Dieses üppige Brot mit kräftigem Aroma wird auch *tortano* genannt. In der Region um Neapel backt man es traditionell zu Ostern. Die Zutaten und Zubereitungsmethoden stecken voll religiöser Symbolik: Das Aufgehen des Teiges steht für neues Leben, die Form erinnert an die Dornenkrone Christi und die Eier verkörpern die Wiedergeburt. Es existieren zahllose Varianten: Jede Stadt, jedes Dorf und jede Familie schwört dabei auf ihre ganz spezielle Version dieses Brotes, das als eigenständige Mahlzeit serviert werden kann. Als ich noch in Italien lebte, nahmen wir dieses Brot oft zum traditionellen Ostermontagspicknick mit. Nach ein oder zwei Scheiben war man schon satt. Schinken und Wurstwaren sollte man möglichst am Stück kaufen, damit sie sich würfeln lassen.

# CASATIELLO

Neapolitanisches Osterbrot

Für 10 Personen

Butter für die Form
30 g Frischhefe
300 ml lauwarmes Wasser
500 g Weizenmehl Type 550, plus mehr zum Arbeiten
1 TL Salz
1 TL schwarzer Pfeffer aus der Mühle
50 g Parmesan, frisch gerieben
50 g Pecorino, frisch gerieben
100 ml natives Olivenöl extra
50 g Prosciutto, fein gewürfelt
50 g Mortadella, fein gewürfelt
50 g Salami, fein gewürfelt
50 g Provolone (oder reifer Cheddar), fein gewürfelt
5 hart gekochte Bio-Eier, 2 geviertelt und 3 ganz

Eine Springform (26 cm ø) leicht einfetten.

Die Hefe im lauwarmen Wasser auflösen. Mehl, Salz, Pfeffer, Parmesan und Pecorino auf einer sauberen Arbeitsfläche vermengen. Erst Olivenöl, dann nach und nach die Hefemischung zugießen und mit den Händen einarbeiten. Den Teig 5 Minuten kneten, dann mit einem sauberen Geschirrtuch abdecken und an einem warmen Ort 1 Stunde gehen lassen, bis sich sein Volumen verdoppelt hat.

Den Teig auf einer leicht bemehlten Arbeitsfläche zu einem Rechteck formen. Prosciutto, Mortadella, Salami, Käse sowie die geviertelten Eier darauf verteilen. Die 3 ganzen Eier entlang einer Längsseite darauflegen und den Teig vorsichtig darüberklappen. Mit leichtem Druck zu einer Rolle formen, ohne die Füllung herauszupressen.

Vorsichtig in die vorbereitete Springform legen und die beiden Enden miteinander verbinden. Mit einem sauberen Geschirrtuch abdecken und an einem warmen Ort 2 Stunden gehen lassen, bis der Teig sein Volumen verdoppelt hat.

Den Backofen inzwischen auf 180 °C (Umluft) vorheizen.

Das *casatiello* 1 Stunde im Ofen backen. Dann herausnehmen, abkühlen lassen, aus der Springform lösen und warm oder kalt verzehren.

In Italien ist es üblich, in einer Bäckerei gezielt nach *panini all'olio* (Olivenölbrötchen) zu fragen. Die lockeren, weichen Brötchen schmecken pur fast so gut wie mit Schinken oder Käse belegt – auf jeden Fall ein wunderbares Mittagessen oder ein herzhafter Snack. In einem luftdichten Behälter sind sie einige Tage haltbar.

# PANINI ALL'OLIO

Olivenölbrötchen

Ergibt ca. 16 Stück

18 g Frischhefe
250 ml lauwarmes Wasser
50 ml Olivenöl
1 Bio-Eigelb
1 TL Zucker
500 g Weizenmehl Type 550, gesiebt
2 ½ TL Salz

Ein großes Backblech mit Backpapier auslegen.

Hefe, lauwarmes Wasser und Olivenöl vermengen. Eigelb, Zucker und die Hälfte des Mehls einrühren. Salz und anschließend das restliche Mehl zugeben und alles gründlich zu einem Teig verarbeiten. 5 Minuten kneten, dann in eine große Schüssel legen, mit Frischhaltefolie abdecken und an einem warmen Ort 1 Stunde gehen lassen, bis sich das Volumen verdoppelt hat.

Den Teig in Stücke à 50 g teilen und zu runden oder länglichen Brötchen formen. Auf das vorbereitete Backblech legen, mit einem sauberen Geschirrtuch abdecken und an einem warmen Ort weitere 30 Minuten gehen lassen.

Inzwischen den Backofen auf 200 °C (Umluft) vorheizen.

Die Brötchen 15 Minuten im Ofen goldbraun backen, dann herausnehmen und vor dem Verzehr abkühlen lassen.

Dinkel zählt zur Gattung des Weizens. Er wird seit Tausenden von Jahren angebaut und galt in früheren Zeiten als wichtiges Grundnahrungsmittel. Abgesehen von seinem Nährstoffgehalt (höherer Eiweißgehalt und reichlich Ballaststoffe) überzeugt Dinkel durch seinen herrlich nussigen Geschmack, der hier mit den knackigen Walnüssen gut zur Geltung kommt. Das Brot schmeckt frisch mit etwas Butter ganz hervorragend. Aber auch am nächsten Tag ist es getoastet und mit der Lieblingsmarmelade oder Honig bestrichen eine wahre Köstlichkeit. *Abbildung siehe nächste und übernächste Seite.*

# PANE ALLA FARINA DI SPELTA E NOCI

Dinkelvollkornbrot mit Walnuss

**Für 6 Personen**

**10 g Frischhefe**
**½ TL flüssiger Honig**
**200 ml lauwarmes Wasser**
**270 g Dinkelvollkornmehl, plus mehr zum Arbeiten**
**½ TL Salz**
**40 g Walnusskerne, grob gehackt**

Ein Backblech mit Backpapier auslegen.

Hefe und Honig im lauwarmen Wasser auflösen. Mehl und Salz vermengen, dann die Hefemischung zufügen und alles zu einem klebrigen Teig verarbeiten.

Den Teig auf eine leicht bemehlte Arbeitsfläche geben und die Walnüsse einarbeiten. 2 Minuten kneten, dann zu einer Kugel formen. Auf das vorbereitete Backblech legen und mit einem scharfen Messer kreuzförmig einschneiden. Mit einem sauberen Geschirrtuch abdecken und an einem warmen Ort 1 Stunde gehen lassen, bis sich sein Volumen verdoppelt hat.

Inzwischen den Backofen auf 180 °C (Umluft) vorheizen.

Das Dinkelvollkornbrot 45 Minuten im Ofen backen. Dann herausnehmen, abkühlen lassen und zum Verzehr in Scheiben schneiden.

Ein witziges Brot für Halloween! Man kann, wie in diesem Rezept, einen großen Laib formen, oder aber eine Reihe von kleineren Brötchen: Dazu den Teig nach der ersten Gehzeit in kleinere Stücke teilen und dann weiter dem Rezept folgen. Ich liebe die Mischung aus Kürbis, Chili und Rosmarin. Doch man kann die Chili auch weglassen, gerade wenn Kinder mitessen. Und Chili-Liebhaber geben einfach etwas mehr zu, je nach Schärfegrad der Chilischote.

# PANE ALLA ZUCCA

## Kürbisbrot

**Ergibt 8 Scheiben**

2 EL natives Olivenöl extra
2 Knoblauchzehen, im Ganzen zerdrückt
½ rote Chilischote, fein gehackt
Nadeln von 1 Rosmarinzweig, fein gehackt
200 g Hokkaido- oder Butternusskürbis (Nettogewicht), gewürfelt
1 TL Salz
7 g Frischhefe
80 ml lauwarmes Wasser
350 g Weizenmehl Type 550, plus mehr zum Arbeiten
1 Bio-Ei
1 TL Honig
Eistreich (siehe S. 13)

Ein Backblech mit Backpapier auslegen.

1 EL Olivenöl in einer großen Pfanne erhitzen. Knoblauch, Chili und Rosmarin zufügen und bei mittlerer Hitze 1 Minute sautieren. Das Kürbisfleisch und ½ TL Salz zugeben. Auf niedrige Temperatur reduzieren, einen Deckel auflegen und 12–15 Minuten garen, bis der Kürbis weich ist. Vom Herd nehmen, abkühlen lassen und den Knoblauch entfernen. Die Kürbismischung auf ein Brett geben, grob hacken und beiseitestellen.

Die Hefe im lauwarmen Wasser auflösen. Mehl, restliches Salz und Olivenöl, Ei, Honig und Hefemischung gründlich vermengen. Den Teig auf eine bemehlte Arbeitsfläche geben und die Kürbismischung etwa 10 Minuten einkneten. Falls der Teig zu klebrig ist, mehr Mehl zufügen. In eine Schüssel legen, mit Frischhaltefolie abdecken und an einem warmen Ort 2 Stunden gehen lassen, bis sich sein Volumen verdoppelt hat.

Den Teig auf einer bemehlten Arbeitsfläche kurz durchkneten und zu einer Kugel formen. Dann mit Küchengarn umwickeln, sodass eine Kürbisform entsteht (siehe Foto). Den Teig auf das vorbereitete Backblech legen, die Oberseite mit Eistreich bepinseln und an einem warmen Ort 1 weitere Stunde gehen lassen.

Inzwischen den Backofen auf 180 °C (Umluft) vorheizen.

Das Kürbisbrot 30 Minuten im Ofen backen. Dann herausnehmen, abkühlen lassen, zerpflücken und zum Schluss verteilen!

Zur Herstellung von *farinata*, einer Art Fladenbrot, das als Street Food in Ligurien verkauft wird, verwendet man in Italien meist Kichererbsenmehl. Zusammen mit einer Mischung aus glutenfreien hellen Mehlsorten und Hefe wird daraus ein herrlich weicher Laib. Noch ein paar Körner obenauf und schon hat man einen gesunden Snack. Besonders gut schmeckt das Brot mit Schinken und Käse – ein nahrhaftes Mittagessen für alle, die glutenfrei essen. Außerdem ist es im Nu fertig, da der Teig nur ein Mal gehen muss.

# PANE DI FARINA DI CECI E SEMI

Kichererbsenbrot mit Körnermischung (glutenfrei)

Für 4–6 Personen

21 g Frischhefe
2 TL Zucker
215 ml lauwarmes Wasser
1 Bio-Ei (Größe L)
1 TL Weißweinessig
1 EL natives Olivenöl extra
180 g glutenfreies helles Mehl
80 g italienisches Kichererbsenmehl
40 g gemischte Körner wie z. B. Kürbis- und Sonnenblumenkerne, Lein- und Chiasamen
1 TL Salz

Eine Kastenform (19 cm x 9 cm) mit Backpapier auslegen.

Hefe und Zucker im lauwarmen Wasser auflösen. Ei, Essig und Olivenöl in einer Schüssel verquirlen.

Die beiden Mehlsorten auf einer sauberen Arbeitsfläche vermengen, erst die Ei-, dann die Hefemischung zugießen und gut einarbeiten. Körner und Salz zufügen und gut verkneten. Den Teig in die vorbereitete Form füllen, mit Frischhaltefolie abdecken und an einem warmen Ort 1 Stunde gehen lassen, bis sich sein Volumen verdoppelt hat.

Inzwischen den Backofen auf 180 °C (Umluft) vorheizen.

Die Frischhaltefolie abnehmen und den Laib 40 Minuten im Ofen backen. Abkühlen lassen, dann aus der Form nehmen und aufschneiden.

Die in Süditalien sehr beliebten *taralli* stammen aus Apulien. Die Kringel sind ein Brotsnack ohne Backtriebmittel. Sie wurden erstmals im 15. Jahrhundert erwähnt; damals backten sie arme Leute als Brotersatz. Seitdem hat sich das Rezept allerdings weiterentwickelt. Apulische Familien servieren sie ihren Gästen zusammen mit einem Glas hausgemachtem Wein. Sie werden meist pur zubereitet oder mit Fenchelsamen, schwarzem Pfeffer, Chiliflocken, Kräutern oder Zwiebeln verfeinert, aber es existiert auch eine süße Variante. Eine schöne Knabberei zu Getränken oder einfach ein schlichter Snack. Für ihre Herstellung benötigt man etwas Zeit und Geduld, aber natürlich können Freunde und Familienmitglieder bei der Zubereitung helfen. Der Aufwand lohnt sich allemal und die Kringel sind in einem luftdichten Behälter 1 Woche haltbar. *Foto siehe übernächste Seite.*

# TARALLI PUGLIESI

Brotsnack aus Apulien

**Ergibt ca. 70 Stück**

**500 g Weizenmehl Type 550, plus mehr zum Arbeiten**
**1 ½ TL Salz**
**1 TL Fenchelsamen**
**125 ml natives Olivenöl extra**
**200 ml Weißwein**

Große Backbleche mit Backpapier auslegen.

Mehl, Salz und Fenchelsamen auf einer sauberen Arbeitsfläche vermengen. Olivenöl und Wein zugießen, alles zu einem Teig verarbeiten und 20 Minuten kneten. Dann zu einer Kugel formen, in Frischhaltefolie wickeln und 30 Minuten in den Kühlschrank stellen.

Ein Stück Teig abnehmen, zu einer dicken Rolle formen und in kleine Scheiben (à 10 g) schneiden. Den restlichen Teig wieder fest in Frischhaltefolie wickeln, damit er nicht austrocknet. Die Teigscheibchen auf einer leicht bemehlten Arbeitsfläche zu kleinen Rollen mit 10 cm Länge formen und zu Kringeln zusammenlegen. Mit dem restlichen Teig ebenso verfahren.

Den Backofen auf 180 °C (Umluft) vorheizen.

Wasser in einem großen Topf zum Kochen bringen. Jeweils einige *taralli* vorsichtig hineingeben und kochen, bis sie an die Oberfläche steigen. Herausheben und auf ein sauberes Geschirrtuch legen. 10–15 Minuten trocknen lassen. Anschließend auf die vorbereiteten Backbleche legen und 25 Minuten im Ofen backen, bis sie leicht goldbraun sind.

Herausnehmen, abkühlen lassen und in einem luftdichten Behälter aufbewahren.

Dieses pikante Käsebrot kommt ursprünglich aus Le Marche und sieht aus wie ein *panettone* (siehe S. 145); allerdings ist die Krume etwas grobporiger. Man weiß nicht genau, wie dieses Brot entstanden ist – traditionell wird es jedoch zur Osterzeit verzehrt. Am besten schmeckt es pur oder mit einer Scheibe *prosciutto*.

# CRESCIA MARCHIGIANA

Käse-Panettone

Für 8–10 Personen

25 g Frischhefe
1 TL Zucker
150 ml lauwarme Milch
500 g Weizenmehl Type 550
150 g Parmesan, frisch gerieben
5 Bio-Eier (Zimmertemperatur)
2 TL Salz
1 TL schwarzer Pfeffer aus der Mühle
150 ml natives Olivenöl extra
100 g Pecorino, fein gewürfelt
etwas Butter, zerlassen, plus mehr für die Form

Eine Panettoneform (18 cm ø) leicht einfetten und mit Backpapier auslegen.

Hefe und Zucker in der lauwarmen Milch auflösen.

Mehl und Parmesan vermengen. Nach und nach die Hefemischung zugießen und gut mit den Händen einarbeiten. Die Eier einzeln zugeben und gut verkneten. Mit Salz und Pfeffer würzen. Portionsweise das Olivenöl zugießen und untermengen. Es macht nichts, wenn der Teig klebrig ist. Wer will, kann dazu einen Holzkochlöffel oder Teigschaber verwenden. Weitere 10 Minuten kneten bzw. vermengen. Den Pecorino einarbeiten, dann die Mischung in die vorbereitete Form füllen. Die Oberseite mit zerlassener Butter bestreichen und den Teig an einem warmen Ort 2 ½ Stunden gehen lassen, bis er fast über den Rand der Form quillt.

Den Backofen auf 180 °C (Umluft) vorheizen. Ein kleines feuerfestes Gefäß mit Wasser in eine Ecke des Backofens stellen.

Den *panettone* 55 Minuten im Ofen backen. Wenn an einem hineingestochenen Holzspieß kein Teig mehr haftet, ist er fertig. Aus dem Backofen nehmen und leicht abkühlen lassen. Dann aus der Form lösen, aufschneiden und servieren.

Wenn ich an apulisches Brot denke, sehe ich große Laibe mit dicker Kruste und strohgelber weicher Krume vor mir, dazu die traditionellen Steinbacköfen, die immer noch so typisch für die Stadt Altamura (Provinz Bari) sind. Der Ort blickt auf eine lange Tradition des Brotbackens zurück – sein Brot wurde im Laufe der Zeit zu einem der berühmtesten Brote Italiens. Im letzten Jahrzehnt wurde ihm das DOP-Siegel für geschützte Herkunft verliehen. Es wird mit *semola rimacinata di grano duro* (Hartweizengrieß) gebacken, der ganz in der Nähe in der Gegend von Murgia angebaut wird. Nach wie vor verwendet man natürliches Backtriebmittel und backt die großen, mehrere Wochen haltbaren Laibe von mindestens 1 kg Gewicht in mit Eichenholz befeuerten Steinbacköfen. Dies erinnert noch an die Zeiten, als sich die Bauern in den langen Stunden der mühsamen Feldarbeit fast ausschließlich von Brot ernährten.

Es war gar nicht so einfach, dieses Brot zu Hause nachzubacken – ob es an Wasser, Hefe, Luftfeuchtigkeit oder am Backofen gelegen hat, kann ich nicht sagen –, aber nach unzähligen Versuchen gelang meiner Frau Liz schließlich diese Variante des *pane pugliese*. Sicher nicht ganz dasselbe wie ein Altamura-Brot aus Apulien, aber auf jeden Fall schmeckt es köstlich! Den Grieß bekommt man im guten italienischen Feinkostgeschäft oder online. Ich empfehle, dieses Brot in einer Küchenmaschine mit Knethaken zuzubereiten, da man es sonst ziemlich lange von Hand kneten müsste, nämlich ganze 40 Minuten.

# PANE PUGLIESE

Apulisches Brot

**Für 6 Personen**

**7 g Frischhefe**
**315 ml lauwarmes Wasser**
**450 g Hartweizengrieß (*semola rimacinata di grano duro*), plus mehr zum Arbeiten**
**80 g *biga* mit Hartweizengrieß (siehe S. 13)**
**1 ¼ TL Salz**

Ein Backblech mit Grieß bestäuben.

Die Hefe im lauwarmen Wasser auflösen. Grieß und *biga* in der Küchenmaschine auf niedrigster Stufe 1 Minute vermengen. Bei laufender Maschine nach und nach die Hefemischung zugießen und den Teig weitere 2 Minuten kneten. Das Salz zugeben und den Teig 20 Minuten bearbeiten.

Die Rührschüssel mit Frischhaltefolie abdecken und an einem warmen Ort 2 Stunden gehen lassen.

Den Teig auf eine leicht bemehlte Arbeitsfläche geben und zum Aufarbeiten mehrfach vorsichtig falten. Dann zu einem länglichen oder runden Laib

formen, diesen mit einem scharfen Messer mehrfach einschneiden, mit etwas Grieß bestäuben und auf das vorbereitete Backblech legen. An einem warmen Ort 30 Minuten gehen lassen.

Inzwischen den Backofen auf 220 °C (Umluft) vorheizen.

Das Brot 25 Minuten im Ofen backen, dann herausnehmen und vor dem Aufschneiden abkühlen lassen.

Diese pikante Variante der süßen, aus Österreich bekannten Brioche ist in Neapel beliebt, meist gefüllt mit Salami und Käse. Doch man kann sie mit allem füllen, was einem gerade einfällt; ich habe bei den Zutaten ein paar Vorschläge gemacht. Entweder wählt man eine einheitliche Füllung für alle Brötchen oder man wechselt ein wenig ab. So wächst die Spannung, da man nicht weiß, wer welche Füllung bekommt! Ein köstlicher, nahrhafter Snack, der sich auch ideal als Pausenbrot eignet. Die süße Version stelle ich auf Seite 148 vor.

# DANUBIO SALATO

Pikante Brioche

Für 4–6 Personen

Für den Teig:
6 g Frischhefe
115 ml lauwarme Milch
275 g Weizenmehl Type 550, plus mehr zum Arbeiten
1 EL Zucker
1 TL Salz
1 Bio-Ei, verquirlt
50 ml natives Olivenöl extra
Eistreich (siehe S. 13)

Für die Füllung (nach Belieben):
Mortadella, Käse, Salami, gegrilltes eingelegtes Gemüse, Pesto, sonnengetrocknete Tomaten

Die Hefe in der lauwarmen Milch auflösen. Mehl, Zucker und Salz auf der Arbeitsfläche mischen. Hefemischung zugießen und gründlich einarbeiten. Ei und Olivenöl zufügen und alles zu einem Teig vermengen. 10 Minuten kneten, dann abdecken und an einem warmen Ort 2 Stunden gehen lassen.

Inzwischen die Füllung(en) vorbereiten und eine Springform (20 cm ø) mit Backpapier auslegen.

Den Teig in 15 Stücke (à 30 g) teilen. Davon jedes zu einer Kugel formen und mit dem Nudelholz auf einer bemehlten Arbeitsfläche zu kleinen Kreisen ausrollen. Füllung in die Mitte geben, die Ränder übereinanderschlagen und gut verschließen, sodass kleine Kugeln entstehen. Nebeneinander in die vorbereitete Form legen, mit Frischhaltefolie abdecken und 1 weitere Stunde gehen lassen.

Inzwischen den Backofen auf 160 °C (Umluft) vorheizen.

Die Oberseite der Teigkugeln mit Eistreich bepinseln und 25 Minuten im Ofen goldbraun backen. Herausnehmen und leicht abkühlen lassen, dann auseinanderpflücken und verteilen.

Dieses saftig-aromatische Tomatenbrot ähnelt eher einem deftigen Kuchen – da es ohne Hefe zubereitet wird, benötigt es auch keine Gehzeit. Unbedingt eingelegte sonnengetrocknete Tomaten von guter Qualität verwenden – falls nötig, getrocknete Tomaten kaufen und einige Tage in Olivenöl mit Knoblauch, getrocknetem Oregano und Chili in einem geschlossenen Behälter marinieren. Dieses Brot macht sich hervorragend in einem Brotkorb. Oder einfach als Snack für zwischendurch!

# PANE AI POMODORI

Tomatenbrot

Für 4–6 Personen

125 g Weizenmehl Type 405/550
1 ¾ TL Backpulver
45 g Parmesan, frisch gerieben, plus mehr zum Bestreuen
1 TL Fenchelsamen
3 Bio-Eier
50 g Butter, zerlassen und abgekühlt
2 EL Crème double
50 g sonnengetrocknete Tomaten, fein gehackt
Salz
½ TL schwarzer Pfeffer aus der Mühle
1 Handvoll Basilikumblätter
120 g Datteltomaten, einige davon mit Stängel

Den Backofen auf 180 °C (Umluft) vorheizen und eine Kastenform (19 cm x 9 cm) mit Backpapier auslegen.

Mehl, Backpulver, Parmesan und Fenchelsamen mischen und beiseitestellen.

Eier, Butter und Crème double in einer großen Schüssel gründlich vermengen. Die getrockneten Tomaten einrühren, die Mehlmischung unterheben. Etwas Salz (Vorsicht, die Tomaten könnten schon recht salzig sein), Pfeffer und Basilikumblätter zugeben und vermengen. Den Teig in die vorbereitete Form füllen. Einige Datteltomaten in den Teig stecken, mit ein wenig Parmesan bestreuen und zum Garnieren die Tomaten mit Stängel obenauf legen und leicht eindrücken.

Die Form mit Alufolie abdecken und 30 Minuten im Ofen backen. Dann die Folie abnehmen und weitere 10 Minuten backen, bis das Brot goldbraun ist. Zur Garprobe einen Holzspieß einstechen: Falls kein Teig mehr daran haftet, ist das Brot fertig. Herausnehmen und abkühlen lassen, dann aus der Form lösen, in Scheiben schneiden und servieren.

# FOCACCIA

Die Focaccia blickt auf eine lange Geschichte zurück – anfangs war sie wohl ein Fladenbrot ohne Backtriebmittel, das die Bäcker schnell zusammenkneteten und auf dem Boden des Backofens backten, um für die lange Nachtschicht etwas Nahrhaftes zur Hand zu haben.

Im Lateinischen hieß die Focaccia »focacius«, was »Herd« oder »Feuerstelle« bedeutet. Schon die Römer kannten eine Art Focaccia aus Mehl, Salz, Hefe, Olivenöl und Wasser, die sie auf dem Herd zubereiteten. Dieses Brot tunkte man in die Suppe ein.

Die heutige Focaccia stammt aus der im Nordwesten Italiens gelegenen Region Ligurien und wird hauptsächlich in zwei Sorten angeboten: Die *fugassa* aus Genua (auch *schiacciata* genannt) ist das klassische Fladenbrot mit kleinen Mulden, Olivenöl und Salz. Die andere Sorte aus dem Städtchen Recco ist typischerweise mit geschmolzenem Weichkäse gefüllt.

Der Legende nach entstand die ligurische Focaccia als Notnahrung zur Zeit der Sarazeneneinfälle – die Menschen flohen von der Küste ins Hinterland und verpflegten sich dort mit einfachen Zutaten, die immer zur Hand waren, also mit Mehl, Wasser, Olivenöl und regionalem Weichkäse. So entstand eine Art Focaccia. Im Laufe der Zeit entwickelte sich daraus die *Focaccia al formaggio di Recco*, deren Zutaten und Zubereitung strenge Vorgaben erfüllen müssen, damit das Endprodukt als authentisch gilt.

In Ligurien ist die Focaccia ein beliebtes Streetfood; überall gibt es Verkaufsstände, an denen *fugassa* angeboten wird. Die Einheimischen essen Focaccia sogar zum Frühstück und tunken sie in ihren Cappuccino.

Im übrigen Italien werden allerlei Arten von herzhaften und süßen Backwaren als Focaccia bezeichnet. Während meiner Kindheit in Süditalien schickte mich meine Mutter oft zur Bäckerei, um eine süße Focaccia zu holen: Damit war ein brotartiger Kuchen gemeint. Auch in anderen Landesteilen versteht man unter Focaccia oft etwas völlig anderes – in Lucania (Basilikata) gibt es eine Focaccia mit Pfeffer, die *strazzata* (siehe S. 70), und in Apulien kennt man die gefüllte und gerollte *Focaccia arrotolata* (siehe S. 65). In Sizilien belegt man eine runde Focaccia, die *sfincione*, mit Tomaten und Sardellensauce.

Meine Focaccia ist eine Mischung aus Pizza und Brot – ich mache sie dicker als eine Pizza, verwende aber ähnliche Zutaten für den Belag. Die typischen Mulden sorgen dafür, dass das überschüssige Olivenöl in den Teig einsickern kann und ihm das bekannt ölige Aroma und die klassische Konsistenz einer Focaccia verleiht. Die Möglichkeiten für den Belag reichen von schlichtem Salz mit Kräutern bis zu kräftigeren Varianten mit Kartoffeln, Zwiebeln und Paprika. Die Focaccia kann wie die Pizza mit allem belegt werden, was schmeckt. Oft wird sie zum Essen statt normalem Brot serviert. Oder sie wird mit Schinken belegt, als Snack oder Mittagessen für unterwegs. Reste schmecken auch am nächsten Tag köstlich, wenn man sie im Backofen aufwärmt.

Diese »Deep-Pan-Focaccia« habe ich erstmals vor vielen Jahren für Antonio Carluccios Restaurant kreiert – sie kam bei den Gästen so gut an, dass ich später Varianten mit unterschiedlichem Belag ausprobierte. Halbiert und mit *prosciutto*, Käse oder sogar gegrilltem Gemüse belegt, wird daraus ein köstliches Sandwich. Focaccia schmeckt am besten frisch gebacken, hält sich aber auch einige Tage. In dem Fall vor dem Servieren kurz einige Minuten im Backofen erwärmen.

# FOCACCIA AL SALE

## Grundrezept Focaccia mit Meersalz

Für 6–8 Personen

Für den Teig:
12 g Frischhefe
350 ml lauwarmes Wasser
500 g Weizenmehl Type 550
2 TL Salz
Hartweizengrieß oder Semmelbrösel

Für den Belag:
1 EL natives Olivenöl extra, plus mehr zum Beträufeln
1 TL Meersalzflocken
schwarzer Pfeffer aus der Mühle

Die Hefe im lauwarmen Wasser auflösen. Mehl und Salz auf der Arbeitsfläche vermengen, die Hefemischung zugießen und alles zu einem Teig verarbeiten. Auf der bemehlten Arbeitsfläche 5 Minuten kneten, bis er glatt und elastisch ist. Abdecken und an einem warmen Ort 20 Minuten gehen lassen.

Inzwischen den Backofen auf 220 °C (Umluft) vorheizen. Eine große runde (Spring-)Form (37 cm ø, siehe Foto S. 58) 10 Sekunden im Backofen erhitzen, dann herausnehmen und mit etwas Grieß ausstreuen.

Den Teig auf der bemehlten Arbeitsfläche ausrollen und in die Form geben. Das Olivenöl in die Mitte gießen und mit den Fingern verteilen. 5 Minuten einziehen lassen, dann Mulden in den Teig drücken. Mit Salz und etwas Pfeffer würzen. Den Teig abdecken und an einem warmen Ort 45 Minuten gehen lassen, bis sich sein Volumen verdoppelt hat.

Anschließend 20 Minuten im Ofen goldbraun backen. Die Focaccia während der Backzeit gelegentlich überprüfen, da Haushaltsbacköfen das Backgut oft auf einer Seite stärker anbräunen: In diesem Fall die Form nach einiger Zeit wenden.

Herausnehmen und mit etwas Olivenöl beträufeln. Abkühlen lassen, dann in Stücke schneiden und servieren.

Die Zubereitungsschritte sind die gleichen wie beim Grundrezept Focaccia (siehe S. 56), hier verfeinert durch Knoblauch und Rosmarin. Auch diese Focaccia lässt sich gut aufschneiden und als Sandwich belegen. Oder man verwendet sie als köstliche Alternative für den Brotkorb, besonders wenn eine Auswahl an Räucherschinken oder Salami als Antipasti serviert wird. Der Rosmarin wird im Backofen schön knusprig – herrlich!

# FOCACCIA CON AGLIO E ROSMARINO

## Focaccia mit Knoblauch und Rosmarin

Für 6–8 Personen

Für den Teig:
1 Portion Grundrezept Focaccia (siehe S. 56)
Hartweizengrieß oder Semmelbrösel zum Ausstreuen, bei Bedarf

Für den Belag:
1 EL natives Olivenöl extra, plus mehr zum Beträufeln
2 Knoblauchzehen, fein gehackt
Nadeln von 2 Rosmarinzweigen, fein gehackt
1 TL Meersalzflocken
schwarzer Pfeffer aus der Mühle

Den Teig nach Rezeptanweisungen von S. 56 zubereiten. Den Backofen auf 220 °C (Umluft) vorheizen. Eine rechteckige Backform (37,5 cm x 28 cm) 10 Sekunden im Ofen erhitzen, dann herausnehmen und etwas Grieß oder Semmelbrösel hineinstreuen. Alternativ mit Backpapier auslegen.

Den Teig auf der leicht bemehlten Arbeitsfläche entsprechend der Form ausrollen und in die Form geben. Das Olivenöl in die Mitte gießen und mit den Fingern gleichmäßig verteilen. 5 Minuten einziehen lassen, dann mit den Fingern Mulden in den Teig drücken. Mit Knoblauch, Rosmarin, Salz und etwas Pfeffer bestreuen. Die Form mit einem sauberen Geschirrtuch abdecken und an einem warmen Ort 45 Minuten gehen lassen, bis der Teig sein Volumen verdoppelt hat.

Anschließend 15 Minuten im Ofen goldbraun backen. Die Focaccia während der Backzeit gelegentlich überprüfen, da Haushaltsbacköfen das Backgut oft auf einer Seite stärker anbräunen: In diesem Fall die Form nach einiger Zeit wenden.

Die fertige Focaccia aus dem Backofen nehmen und mit etwas Olivenöl beträufeln. Zuerst abkühlen lassen, dann in Stücke schneiden und servieren.

Diese wunderbare Focaccia mit Käse stammt aus der Zeit der Sarazeneneinfälle, als die Küstenbewohner ins Hinterland flohen, wo sie nur einfachste Zutaten wie Mehl, Öl und Käse zur Verfügung hatten. So entstand diese besonders in Ligurien beliebte Focaccia. Meist verwendet man dort regionalen Weichkäse oder aber den beliebten *stracchino*. In meinem Rezept nehme ich den Edelschimmelkäse *Dolcelatte*, der dem Brot ein etwas kräftigeres Aroma verleiht.

# FOCACCIA LIGURE AL FORMAGGIO

Ligurische Käse-Focaccia

Für 6–8 Personen

12 g Frischhefe
250 ml lauwarmes Wasser
500 g Weizenmehl Type 550
Salz
3 EL natives Olivenöl extra, plus mehr zum Bestreichen
250 g Edelschimmelkäse *Dolcelatte*, grob gehackt
schwarzer Pfeffer aus der Mühle

Die Hefe im lauwarmen Wasser auflösen. Mehl und 1 TL Salz auf einer sauberen Arbeitsfläche vermengen. Hefemischung und Olivenöl zugießen und gut einarbeiten. Den Teig 10 Minuten kneten, bis er glatt und elastisch ist. In eine große Schüssel legen, mit Frischhaltefolie abdecken und an einem warmen Ort 1 Stunde gehen lassen, bis sich sein Volumen verdoppelt hat.

Inzwischen den Backofen auf 200 °C (Umluft) vorheizen. Eine rechteckige Backform (33 cm x 30 cm) mit etwas Olivenöl einfetten.

Den Teig halbieren. Eine Hälfte zu einem Rechteck ausrollen und mit den Händen dehnen, bis der Teig 3 mm dick ist. Die vorbereitete Backform damit auslegen. Mit Käse sowie Salz und Pfeffer bestreuen.

Die zweite Teighälfte ebenfalls rechteckig auf 3 mm Dicke ausrollen. Über die Käsestückchen legen und mit den Fingern fest andrücken, besonders entlang der Ränder, damit die Füllung nicht herausquillt. Die Oberseite mit Olivenöl bestreichen und die Focaccia 20–25 Minuten im Ofen goldgelb backen.

Herausnehmen und einige Minuten ruhen lassen, dann aufschneiden und genießen!

Auch hier folgen wir dem Grundrezept für Focaccia (siehe S. 56), belegen sie aber mit Paprika und Oliven. Ich liebe *agrodolce* aus Paprika – dafür werden rote und gelbe Paprikaschoten in Zucker und Essig gebraten, wodurch sie einen leicht süßsauren Geschmack annehmen. *Agrodolce* aus Paprika bereitet man am besten am Vortag zu und bewahrt es über Nacht im Kühlschrank auf, damit sich die Aromen entfalten können. Wenn ich zu viel *agrodolce* zubereitet habe, verwerte ich die Reste manchmal mit dieser Focaccia.

# FOCACCIA CON AGRODOLCE DI PEPERONI

## Focaccia mit Paprika

**Für 6–8 Personen**

**1 Portion Grundrezept Focaccia (siehe S. 56)**

**Für den Belag:**
**3 EL natives Olivenöl extra, plus mehr zum Beträufeln**
**je 1 rote und gelbe Paprikaschote, in breite Streifen geschnitten**
**1 Knoblauchzehe, ganz**
**6 entsteinte schwarze Oliven**
**6 entsteinte grüne Oliven**
**½ EL Kapern**
**½ EL Zucker**
**2 EL Weißweinessig**
**Salz und schwarzer Pfeffer aus der Mühle**
**6 Basilikumblätter**

Für die Paprika-*agrodolce* 2 EL Olivenöl in einer großen Pfanne erhitzen und die Paprika darin bei mittlerer bis hoher Hitze unter gelegentlichem Rühren 5 Minuten braten, bis die Haut goldbraun ist. Knoblauch, Oliven und Kapern zufügen, Zucker und Essig einrühren und alles 1 Minute garen. Die Temperatur leicht reduzieren und bei mittlerer Hitze 5 Minuten braten, bis die Paprika gar, aber noch nicht zu weich ist. Mit Salz und Pfeffer abschmecken und die Basilikumblätter unterrühren. Beiseitestellen oder abdecken und bis zur Verwendung im Kühlschrank aufbewahren, falls die *agrodolce* am Vortag zubereitet wird.

Den Backofen auf 220 °C (Umluft) vorheizen. Eine große runde (Spring-)Form (37 cm ø, siehe Foto S. 58) 10 Sekunden im Backofen erhitzen, dann herausnehmen und mit etwas Grieß ausstreuen. Alternativ mit Backpapier auslegen.

Einen Focacciateig nach dem Grundrezept auf S. 56 zubereiten, ohne am Schluss Salz zuzufügen. Den Teig auf der bemehlten Arbeitsfläche ausrollen und in die Form geben. Das restliche Olivenöl in die Mitte gießen und mit den Fingern gleichmäßig verteilen. 5 Minuten einziehen lassen, dann Mulden in den Teig drücken. Die Focaccia mit der Paprikamischung belegen. Abdecken und an einem warmen Ort 45 Minuten gehen lassen.

Anschließend 15–20 Minuten im Ofen goldbraun backen. Die Focaccia während der Backzeit gelegentlich überprüfen, da Haushaltsbacköfen das Backgut oft auf einer Seite stärker anbräunen: In diesem Fall die Form nach einiger Zeit wenden.

Die Focaccia herausnehmen und sofort mit etwas Olivenöl beträufeln. Abkühlen lassen, dann in Stücke schneiden und servieren.

Typisch für Apulien ist Focacciateig mit Kartoffelbrei. Damit die Focaccia noch üppiger wird, füllt man sie mit Eiern, Schinken, Wurst und Käse und formt aus dem Teig eine Rolle. Bei diesem Rezept werden verquirlte rohe Eier zugegeben, die beim Backen langsam garen. Das gebackene und abgekühlte Brot wird in Scheiben geschnitten – das Ergebnis erinnert an ein köstliches *panino*. Diese Focaccia eignet sich wunderbar für ein Picknick oder als Mittagessen zum Mitnehmen. In Alu- oder Frischhaltefolie gewickelt hält sie sich einige Tage.

# FOCACCIA ARROTOLATA PUGLIESE

Gefüllte apulische Focacciarolle

**Für 10 Personen**

**Für den Teig:**
**280 g mehlige Kartoffeln**
**25 g Frischhefe**
**200 ml lauwarmes Wasser**
**500 g Weizenmehl Type 550, plus mehr zum Arbeiten**
**1 ½ TL Salz**
**natives Olivenöl extra zum Bestreichen**

**Für die Füllung:**
**3 Bio-Eier**
**100 g Parmesan, frisch gerieben**
**2 Kugeln Mozzarella, gewürfelt**
**175 g gute italienische Würste ohne Haut, grob gehackt**
**120 g Kochschinken (5 dünne Scheiben)**

Ein großes Backblech mit Backpapier auslegen.

Die Kartoffeln in der Schale garen. Dann abseihen, pellen, wieder in den Topf geben und zerstampfen. Anschließend abkühlen lassen.

Die Hefe im lauwarmen Wasser auflösen. Mehl und Salz auf einer sauberen Arbeitsfläche vermengen, den Kartoffelstampf sowie nach und nach die Hefemischung zugeben und alles zu einem Teig verarbeiten. 10 Minuten kneten, dann zu einer Kugel formen. Ein großes sauberes Geschirrtuch auf die Arbeitsfläche legen und mit etwas Mehl bestäuben. Den Teig darauflegen und mit einem Nudelholz zu einem Rechteck mit 4 mm Dicke ausrollen. Gleichmäßig mit etwas Olivenöl bestreichen.

Für die Füllung Eier und Parmesan in einer kleinen Schüssel verquirlen und auf dem Teig verteilen, dabei rundum einen 2 cm breiten Rand frei lassen. Mit Mozzarella und Wurststückchen bestreuen und mit Schinken belegen. Nochmals mit etwas Öl bestreichen.

Zu einer dicken Wurst zusammenrollen. Darauf achten, dass die Füllung nicht herausquillt, und die Ränder gut verschließen. Die Focacciarolle mit dem Saum nach unten mithilfe des Geschirrtuchs auf das vorbereitete Backblech legen. Abdecken und an einem warmen Ort 2 Stunden gehen lassen, bis sich das Volumen verdoppelt hat.

Inzwischen den Backofen auf 180 °C (Umluft) vorheizen.

Die Focaccia mit etwas Olivenöl bestreichen und 45 Minuten im Ofen backen. Herausnehmen und vor dem Verzehr mindestens 10 Minuten abkühlen lassen.

Ausgangspunkt ist das Focaccia-Grundrezept (siehe S. 56), ergänzt durch einen köstlichen, nahrhaften Belag. Leicht gebackene Kartoffeln, Pancetta, Zwiebel und Salbei harmonieren wunderbar und machen aus dieser Focaccia eine vollwertige Mahlzeit. Perfekt als Mittagessen für unterwegs oder als Picknick.

# FOCACCIA CON PATATE, CIPOLLE ROSSE E PANCETTA

## Focaccia mit Kartoffel, roter Zwiebel und Pancetta

Für 6–8 Personen

1 Portion Grundrezept Focaccia (siehe S. 56)
Butter für das Blech
Hartweizengrieß oder Semmelbrösel zum Ausstreuen

Für den Belag:
300 g Kartoffeln, geschält und in 1 cm dicke Scheiben geschnitten
Salz und schwarzer Pfeffer aus der Mühle
2 EL natives Olivenöl extra, plus mehr zum Beträufeln
8 Salbeiblätter
1 mittelgroße rote Zwiebel, in Ringe geschnitten
75 g Pancetta, gewürfelt

Den Backofen auf 220 °C (Umluft) vorheizen. Ein Backblech leicht einfetten.

Die Kartoffelscheiben auf das Backblech legen, mit Salz und Pfeffer würzen, mit Olivenöl beträufeln und im Backofen 10 Minuten rösten, bis sie goldbraun und gar sind. Herausnehmen und beiseitestellen.

2 EL Olivenöl in einer kleinen Pfanne erhitzen, 2 Salbeiblätter, Zwiebel und Pancetta zufügen und 4 Minuten sautieren, bis sie weich sind. Vom Herd nehmen und beiseitestellen.

Entweder eine längliche Backform (37,5 cm x 28 cm) oder eine große runde (Spring-)Form (37 cm ø, siehe Foto S. 58) 10 Sekunden im Backofen erhitzen, dann herausnehmen und mit etwas Grieß oder Semmelbrösel ausstreuen. Alternativ mit Backpapier auslegen.

Einen Focacciateig nach dem Grundrezept auf S. 56 zubereiten, ohne am Schluss Salz zuzufügen. Den Teig auf der bemehlten Arbeitsfläche entsprechend der gewählten Form ausrollen und in diese hineingeben. Das restliche Olivenöl in die Mitte gießen und mit den Fingern verteilen. 5 Minuten einziehen lassen, dann mit den Fingern Mulden in den Teig drücken. Mit Kartoffeln, Zwiebel, Pancetta und restlichen Salbeiblättern belegen. Mit einem sauberen Geschirrtuch abdecken und an einem warmen Ort 45 Minuten gehen lassen, bis sich das Volumen verdoppelt hat.

Inzwischen den Backofen auf 200 °C (Umluft) vorheizen.

Die Focaccia 20 Minuten im Ofen goldbraun backen. Herausnehmen, sofort mit etwas Olivenöl beträufeln, abkühlen lassen und dann in Stücke schneiden.

Diese ligurische Spezialität gibt es schon seit Jahrhunderten. Es heißt, sie sei für den Genueser Admiral Andrea Doria zubereitet worden und verdanke ihm ihren Namen. Da Ligurien und Frankreich aneinandergrenzen, ist diese Focaccia auch in der Provençe beliebt, wo man sie als *pissaladiere* kennt. Im Laufe der Zeit kamen Tomaten als Belag hinzu, was an *Pizza Napoletana* erinnern lässt. Mir schmeckt allerdings diese Originalversion mit Zwiebeln und Sardellen am besten. Ich mag sie gerne quadratisch, aber man kann sie natürlich auch rund oder rechteckig formen. Gästen als Beilage reichen oder jederzeit nach Belieben als Snack genießen. Sie schmeckt kalt ebenso gut wie heiß. *Fotos nächste und übernächste Seite.*

# PISCIALANDREA DI IMPERIA

## Zwiebel-Sardellen-Focaccia

**Für 6 Personen**

**Für den Teig:**
**10 g Frischhefe**
**300 ml lauwarmes Wasser**
**500 g Weizenmehl Type 550, plus mehr zum Arbeiten**
**1 TL Salz**
**4 TL natives Olivenöl extra**
**Weizenmehl Type 405 oder Semmelbrösel zum Ausstreuen**

**Für den Belag:**
**3 EL natives Olivenöl extra**
**ca. 18 Sardellenfilets**
**2 mittelgroße rote Zwiebeln, fein gehackt**
**20 entsteinte schwarze Oliven**
**1 TL getrockneter Oregano**

Die Hefe im lauwarmen Wasser auflösen. Mehl und Salz in einer großen Schüssel vermengen, Olivenöl und Hefemischung zugießen und alles zu einem Teig verarbeiten. Den Teig 10 Minuten kneten, zu einer Kugel formen, mit Frischhaltefolie abdecken und 30 Minuten gehen lassen, bis sich das Volumen verdoppelt hat.

Den Teig halbieren und jedes Stück 2 Minuten kneten. Beide Stücke zu Kugeln formen, mit einem feuchten sauberen Geschirrtuch abdecken und weitere 30 Minuten gehen lassen, bis sich das Volumen verdoppelt hat.

Den Backofen auf 220 °C (Umluft) vorheizen und zwei quadratische Backformen (30 cm x 30 cm) oder zwei runde Backformen (30 cm ø) mit etwas Mehl oder Semmelbröseln bestreuen. Alternativ mit Backpapier auslegen.

Inzwischen den Belag vorbereiten. Das Olivenöl in einer Pfanne erhitzen, 2 Sardellenfilets zugeben und zerfallen lassen. Die Zwiebeln zufügen und bei niedriger Hitze 8–10 Minuten braten, bis sie weich sind. Aus der Pfanne nehmen und beiseitestellen.

Die Teigkugeln auf eine leicht bemehlte Arbeitsfläche legen, mit den Fingern auf die Größe der verwendeten Backformen ziehen und in diese hineinlegen. Zwiebelmischung, restliche Sardellenfilets und Oliven darauf verteilen und mit Oregano bestreuen. Etwa 20 Minuten im Ofen goldbraun backen, dann herausnehmen und heiß oder kalt servieren.

Obwohl sie wie ein Brotring aussieht, wird sie von den Einheimischen *focaccia* genannt. Es gibt sie nur in der ländlichen Basilikata in Süditalien. Ursprünglich wurde sie für Hochzeitsfeiern gebacken und mit Schinken, Käse und eingelegtem Gemüse zu einem Glas Wein serviert. *Strazzata* heißt so viel wie »mit den Händen zerpflücken«, und genau so aß man diese pfeffrige Focaccia. Je mehr Pfeffer sie enthielt, desto mehr Wein wurde beim Hochzeitsmahl getrunken. Die Einheimischen sind sehr stolz auf ihre Spezialität und veranstalten ihr zu Ehren jedes Jahr ein Fest.

# STRAZZATA LUCANA

Focacciaring mit Pfeffer

Für 10–12 Personen

15 g Frischhefe
320 ml lauwarmes Wasser
250 g Weizenmehl Type 550, plus mehr zum Arbeiten
250 g Hartweizengrieß
¼ TL Salz
1 EL schwarzer Pfeffer aus der Mühle

Ein großes Backblech mit Backpapier auslegen.

Die Hefe im lauwarmen Wasser auflösen. Mehl, Grieß, Salz und Pfeffer vermengen. Die Hefemischung zugießen und alles zu einem Teig verarbeiten. 10 Minuten kneten, mit Frischhaltefolie abdecken und an einem warmen Ort 1 Stunde gehen lassen, bis sich das Volumen verdoppelt hat.

Den Teig auf einer leicht bemehlten Arbeitsfläche zu einer langen Rolle formen (ca. 65 cm), mit den Händen ein wenig flach drücken und zu einem Ring zusammenlegen. Als Hilfe eine kleine Schüssel in die Mitte stellen, damit das Brot seine runde Form behält. Dann auf das vorbereitete Backblech legen, mit einem sauberen Geschirrtuch abdecken und an einem warmen Ort 1 Stunde gehen lassen.

Inzwischen den Backofen auf 220 °C (Umluft) vorheizen.

Die *strazzata* 15–20 Minuten im Ofen goldbraun backen. Dann herausnehmen, abkühlen lassen und servieren.

In Italien ist es in vielen Gegenden üblich, besonders in Weinanbaugebieten, Trauben auch für Brot, Focaccia oder diese Schnecken zu verwenden. Ich erinnere mich, dass der Bäcker in unserem Dorf zur Traubenernte ähnliches Gebäck mit übrig gebliebenem Brotteig zubereitete. Zimt und Rosmarin heben den Geschmack der Trauben hervor und verfeinern den Teig.

# RONDELLE ALL'UVA E ROSMARINO

## Trauben-Rosmarin-Schnecken

Ergibt 10–12 Schnecken

300 g Weintrauben, halbiert
1 EL Weißwein
7 TL Rohrohrzucker
Abrieb von ½ Bio-Zitrone
1 TL gemahlener Zimt
12 g Frischhefe
160 ml lauwarme Milch
350 g Weizenmehl Type 550, plus mehr zum Arbeiten
Nadeln von 1 Rosmarinzweig
natives Olivenöl extra zum Bestreichen

Ein großes Backblech mit Backpapier auslegen.

Trauben, Wein, Zucker, Zitronenabrieb und Zimt in einer kleinen Schüssel vermengen und durchziehen lassen.

Die Hefe in der Milch auflösen. Das Mehl in eine große Schüssel sieben, nach und nach die Hefemischung zugießen und alles zu einem Teig verarbeiten. Den Teig auf einer leicht bemehlten Arbeitsfläche 10 Minuten kneten, dann zu einer Kugel formen. Mit Frischhaltefolie abdecken und an einem warmen Ort 15 Minuten gehen lassen.

Den Teig rechteckig ausrollen. Mit Trauben und Rosmarinnadeln bestreuen. Zu einer Wurst einrollen und vorsichtig in 2,5 cm dicke Stücke schneiden und zu kleinen Schnecken formen. Falls Trauben herausrollen, einfach wieder hineinstecken. Auf das vorbereitete Backblech legen und mit etwas Olivenöl bestreichen. Mit einem sauberen Geschirrtuch abdecken und an einem warmen Ort 30 Minuten gehen lassen.

Inzwischen den Backofen auf 200 °C (Umluft) vorheizen.

Die Schnecken 15 Minuten im Ofen goldbraun backen. Dann herausnehmen, abkühlen lassen und genießen!

Ich liebe sonnengetrocknete Tomaten! Aber das, was man außerhalb Italiens bekommt, schmeckt nicht immer aromatisch. Deshalb mariniere ich sie gerne selbst, bevor ich sie pur esse oder in einem meiner Rezepte, wie z. B. hier als Focacciabelag, verwende.

# FOCACCIA CON POMODORI SECCHI

## Focaccia mit sonnengetrockneten Tomaten

**Für 6–8 Personen**

**Für den Teig:**
**1 Portion Grundrezept Focaccia (siehe S. 56)**
**Hartweizengrieß oder Semmelbrösel zum Ausstreuen**

**Für den Belag:**
**100 g in Öl eingelegte sonnengetrocknete Tomaten (Nettogewicht)**
**2 Knoblauchzehen, ganz**
**1 TL Chiliflocken**
**1 TL getrockneter Oregano**
**12 Basilikumblätter**
**1 EL natives Olivenöl extra, plus mehr zum Beträufeln**

Zuerst den Belag vorbereiten: Die Tomaten aus dem Glas nehmen und in eine Schüssel legen. Das Öl aufbewahren. Knoblauch, Chili, Oregano und Basilikum unter die Tomaten mischen und alles in einen luftdichten Behälter geben. Ein wenig Öl aus dem Glas zugießen, sodass die Tomaten bedeckt sind. Den Behälter verschließen und über Nacht marinieren.

Den Backofen auf 220 °C (Umluft) vorheizen. Entweder eine längliche Backform (37,5 cm x 28 cm) oder eine große runde (Spring-)Form (37 cm ⌀, siehe Foto S. 58) 10 Sekunden im Backofen erhitzen, dann herausnehmen und mit etwas Grieß oder Semmelbrösel ausstreuen. Alternativ mit Backpapier auslegen.

Einen Focacciateig nach dem Grundrezept auf S. 56 zubereiten, auf einer leicht bemehlten Arbeitsfläche entsprechend der gewählten Form ausrollen und in diese hineingeben. Das Olivenöl in die Mitte gießen und mit den Fingern verteilen. 5 Minuten einziehen lassen, dann mit den Fingern Mulden in den Teig drücken. Anschließend mit der Tomatenmischung belegen. Mit einem sauberen Geschirrtuch abdecken und an einem warmen Ort 45 Minuten gehen lassen.

Etwa 20 Minuten im Ofen goldbraun backen. Die Focaccia während der Backzeit gelegentlich überprüfen, da Haushaltsbacköfen das Backgut oft auf einer Seite stärker anbräunen: In diesem Fall die Form nach einiger Zeit wenden.

Die Focaccia aus dem Backofen nehmen und sofort mit etwas Olivenöl beträufeln. Abkühlen lassen, dann in Stücke schneiden und servieren.

Diese süße Focaccia ist genau das Richtige für den Nachmittagskaffee oder zum Frühstück. Ich habe hier Pflaumen verwendet, die aber durch saisonales Obst wie Pfirsiche, Aprikosen, Äpfel, Birnen oder Feigen ersetzt werden können. Ich beträufle sie gerne mit etwas Honig und genieße sie zum Kaffee. Die Süße dieser gesunden Leckerei stammt fast ausschließlich von Obst und Honig, da nur ganz wenig Zucker obenauf gestreut wird. Dazu passt ein Weichkäse wie der cremige *Dolcelatte*, besonders wenn als Obst Feigen verwendet werden.

# FOCACCIA DOLCE CON LA FRUTTA

Süße Focaccia mit Obst

**Für 4–6 Personen**

**10 g Frischhefe**
**200 ml lauwarmes Wasser**
**350 g Weizenmehl Type 550**
**½ TL Salz**
**4 TL natives Olivenöl extra, plus mehr zum Beträufeln und Einfetten**
**1 EL flüssiger Honig, plus mehr zum Beträufeln (nach Belieben)**
**3 Pflaumen oder andere Früchte**
**4 TL Marsala oder anderer Dessertwein**
**Zucker und Puderzucker zum Bestreuen**

Eine Bratreine (26 cm x 17 cm) mit Olivenöl einfetten.

Die Hefe im lauwarmen Wasser auflösen. Mehl, Salz, Olivenöl und Honig vermengen. Die Hefemischung zugießen und 10 Minuten zu einem glatten Teig verkneten. Mit Frischhaltefolie abdecken und an einem warmen Ort 1 Stunde gehen lassen, bis sich das Volumen verdoppelt hat.

Inzwischen die Pflaumen vierteln, entsteinen und mit 1 EL Wasser sowie Marsala in einer Schüssel durchziehen lassen.

Den Teig auf die Größe der Bratreine ausrollen, in diese hineinlegen, mit Olivenöl beträufeln und mit den Fingern Mulden eindrücken. Die Pflaumen abtropfen lassen, auf dem Teig verteilen und mit etwas Zucker bestreuen. An einem warmen Ort 30 Minuten gehen lassen, bis sich das Volumen verdoppelt hat.

Inzwischen den Backofen auf 170 °C (Umluft) vorheizen.

Die Focaccia 15 Minuten im Ofen goldbraun backen. Herausnehmen, mit Puderzucker bestreuen und bei eingeschalteter Grillfunktion nochmals 2 Minuten im Backofen erhitzen, bis der Puderzucker karamellisiert.

Aus dem Ofen nehmen und abkühlen lassen. Dann aufschneiden und vor dem Servieren nach Belieben mit etwas flüssigem Honig beträufeln.

# PIZZE

Die bescheidene Pizza hat zweifellos die ganze Welt erobert.

Kinder wie Erwachsene lieben diese schlichte Köstlichkeit aus Teig, der mit allerlei herrlichen Zutaten belegt wird. Pizza ist der beliebte Klassiker für einen entspannten Ausgehabend, einen Kindergeburtstag, als schneller Snack unterwegs oder einfach zum Genießen im eigenen Heim.

Die Pizza ist wohl als Street Food in Neapel entstanden. Wahrscheinlich war sie eine Art Fladenbrot, mit dem die Bäcker die Backofenhitze testeten, bevor sie Brotlaibe hineinschoben. Zum Aromatisieren bestrichen die Bäcker die Fladenbrote mit Schmalz und bestreuten sie mit Salz, Knoblauch und Kräutern. Mit der Einführung der Tomate im 18. Jahrhundert entstand schließlich das bekannte Street Food für arme Leute. Die Pizza entpuppte sich besonders als geschicktes Rezept zur Resteverwertung.

Ein Jahrhundert später backte ein neapolitanischer Pizzabäcker eine Pizza für Königin Margherita und belegte sie mit Zutaten, deren Farben die italienische Flagge symbolisierten: Tomaten, Mozzarella, Basilikum. Die Königin war begeistert, die Kombination wurde zum Erfolg und schon war die Pizza Margherita geboren. Ob diese Geschichte nun stimmt oder nicht – Pizza Margherita wird auf der ganzen Welt zubereitet. Ihre Zutaten bilden die Grundlage vieler anderer Pizzabeläge.

Im Lauf der Jahre entwickelten sich nicht nur die Beläge weiter, sondern auch die Formen: So entstanden z. B. die *calzone* (siehe S. 109), eine zusammengeklappte Pizza, und die *saltimbocca* (siehe S. 106), deren Teig sich beim Backen aufbläht und dann gefüllt wird.

Street-Food-Pizza wird in Italien meist *al taglio*, also stückweise, verkauft. In Pizzerien erhält man sie manchmal *al metro* (meterweise), wobei lange, rechteckige Pizzastücke mit unterschiedlichen Belägen mitten auf den Tisch gestellt werden – das ist richtig super, wenn man als Gruppe weggeht. *Pizzette* oder kleine Pizzas (siehe S. 94–104) zum Mitnehmen oder als schnelle Mahlzeit bekommt man in Bäckereien und Snackbars.

Von beliebten Gerichten gibt es unweigerlich auch schlechte Kopien. Die Pizza bildet da keine Ausnahme. Es existieren so viele üble Versionen, ob in Restaurants, Take-aways oder im Supermarkt – da frage ich mich immer, wie man ein so einfaches Gericht so ruinieren kann. Natürlich gibt es nichts Schöneres, als sich eine Pizza komplett selbst zuzubereiten. Im Nu gemacht und auch noch so günstig! Pizzateig kann man im Voraus zubereiten und im Kühlschrank aufbewahren oder sogar tiefkühlen. Erst zur Verwendung holt man ihn wieder hervor. Auf der nächsten Seite gebe ich ein paar Tipps, die das Pizzabacken etwas erleichtern.

TIPPS ZUM PIZZABACKEN:

• Den Teig gut kneten, damit er glatt und elastisch wird.

• Den Teigboden so dünn wie möglich ausrollen.

• Feine Tomatenpassata statt stückiger Tomaten aus der Dose verwenden.

• Nicht zu viel Tomatensauce auf den Teig geben, da er sonst durchweicht.

• Boden und Belag mit etwas Olivenöl beträufeln, damit die Pizza knusprig wird.

• Bevor man die Pizza in den Backofen schiebt, sicherstellen, dass er heiß genug ist und die gewünschte Temperatur erreicht hat.

# GRUNDREZEPT PIZZATEIG

Ergibt 2 runde Pizzaböden (32 cm ø) oder 3 dünnere Pizzaböden (wie für Pizza Bianca, siehe S. 82)

10 g Frischhefe
325 ml lauwarmes Wasser
500 g Weizenmehl Type 550, plus mehr zum Arbeiten
2 TL Salz

Ein Backblech mit etwas Mehl bestäuben.

Die Hefe im lauwarmen Wasser auflösen. Mehl und Salz auf einer sauberen Arbeitsfläche vermengen, dann nach und nach die Hefemischung zugießen und alles zu einem Teig verarbeiten. 10 Minuten kneten, mit einem sauberen Geschirrtuch abdecken und 10 Minuten gehen lassen.

Den Teig nach gewünschter Stückzahl aufteilen und jeweils 2 Minuten kneten. Auf das Backblech legen, mit einem sauberen Geschirrtuch abdecken und an einem warmen Ort 1 Stunde gehen lassen, bis sich das Volumen verdoppelt hat.

Je nach Rezept weiterverarbeiten.

*Pizza bianca* ist eine schlichte Pizza, die ich gerne mit etwas Meersalz und Olivenöl verfeinere, aber man kann sie auch pur essen oder mit Kräutern oder Chili abwandeln. Oft serviert man sie anstelle von Brot zu Antipasti. Der Pizzaboden sollte so dünn wie möglich sein, damit er beim Backen schön knusprig wird.

# PIZZA BIANCA

Ergibt 3 runde Pizzas (32 cm ø)

1 Portion Grundrezept Pizzateig (siehe S. 80)
grobes Meersalz und schwarzer Pfeffer aus der Mühle
natives Olivenöl extra

Für den Teig den Rezeptanweisungen von S. 80 folgen. Drei große Backbleche mit etwas Mehl bestäuben.

Den Teig in drei gleich große Stücke teilen und jeweils 2 Minuten kneten. Jedes Stück auf eines der Backbleche legen, mit einem sauberen Geschirrtuch abdecken und an einem warmen Ort 1 Stunde gehen lassen, bis sich das Volumen verdoppelt hat.

Inzwischen den Backofen auf 220 °C (Umluft) vorheizen.

Jedes Teigstück auf einer leicht bemehlten Arbeitsfläche so dünn wie möglich zu einem Kreis ausrollen. Auf die Backbleche legen und jeden Pizzaboden mit etwas Salz und Pfeffer würzen und mit Olivenöl beträufeln. Etwa 10 Minuten im Ofen backen.

Die Pizza kann auch mit folgenden Belägen verfeinert werden:

geriebener Parmesan und Salbeiblätter
Olivenöl und rote Chiliringe

*Marinara* ist ein traditionell neapolitanischer Pizzabelag mit Tomaten, Knoblauch und Sardellen, aber ohne Käse. Damit die Pizza noch etwas raffinierter wird, habe ich verschiedenfarbige Tomaten verwendet, die inzwischen in vielen Geschäften und auf Märkten erhältlich sind. Am besten backt man diese Pizza im Spätsommer, wenn es reichlich regionale Tomatensorten gibt.

# PIZZA MARINARA

Pizza mit bunten Tomaten und Sardellen

**Ergibt 2 runde Pizzas (32 cm ø)**

**1 Portion Grundrezept Pizzateig (siehe S. 80)**

**Für den Belag:**
**350 g gemischte gelbe, orange und rote Kirschtomaten, geviertelt oder in Scheiben geschnitten**
**2 Knoblauchzehen, fein gehackt**
**4 EL natives Olivenöl extra, plus mehr zum Beträufeln**
**8 Sardellenfilets**
**10 schwarze Oliven, halbiert**
**½ rote Chilischote, fein gehackt (nach Belieben)**
**1 Prise getrockneter Oregano**
**1 Handvoll Basilikumblätter**

Für den Teig den Rezeptanweisungen von S. 80 folgen. Zwei Backbleche mit etwas Mehl bestäuben.

Den Teig in zwei gleich große Stücke teilen und jeweils 2 Minuten kneten. Auf die vorbereiteten Backbleche legen, mit einem sauberen Geschirrtuch abdecken und 1 Stunde gehen lassen, bis sich das Volumen verdoppelt hat.

Die Zutaten für den Belag vermengen und 30 Minuten marinieren. Den Backofen auf 220 °C (Umluft) vorheizen.

Jedes Teigstück auf einer leicht bemehlten Arbeitsfläche so dünn wie möglich zu einem Kreis ausrollen. Auf die Backbleche legen, die Pizzaböden mit der Tomatenmischung belegen und 10 Minuten im Ofen backen.

Aus dem Backofen nehmen, mit etwas Olivenöl beträufeln und sofort servieren.

Ich liebe diese klassische Pizza mit köstlichem Käsebelag. Es können ganz nach Belieben auch andere Käsesorten verwendet werden, wie z. B. *Dolcelatte*, Pecorino oder sogar harter Mozzarella oder *Ricotta salata*. Vorsicht beim Salz, da manche Käsesorten bereits recht salzig sind. Zur *4 Formaggi* passt ein kühles Glas Bier!

# PIZZA AI 4 FORMAGGI

Pizza mit 4 Käsesorten

Ergibt 2 runde Pizzas (32 cm ø)

1 Portion Grundrezept Pizzateig (siehe S. 80)

Für den Belag:
natives Olivenöl extra
50 g Gorgonzola, grob gehackt
50 g Fontina, grob gehackt
50 g Provolone (oder reifer Cheddar), grob gehackt
50 g Parmesan, frisch gerieben
Salz und schwarzer Pfeffer aus der Mühle

Für den Teig den Rezeptanweisungen von S. 80 folgen. Zwei Backbleche mit etwas Mehl bestäuben.

Den Teig halbieren und die beiden Stücke jeweils 2 Minuten kneten. Auf die Backbleche legen, mit einem sauberen Geschirrtuch abdecken und 1 Stunde gehen lassen, bis sich das Volumen verdoppelt hat.

Den Backofen auf 220 °C (Umluft) vorheizen.

Jedes Teigstück auf einer leicht bemehlten Arbeitsfläche so dünn wie möglich zu einem Kreis ausrollen. Auf die Backbleche legen, die Pizzaböden mit etwas Olivenöl bestreichen, mit den Käsesorten belegen, mit Salz und Pfeffer würzen und nochmals ein klein wenig Olivenöl darüberträufeln.

Die Pizzas 10 Minuten im Ofen backen, bis die Käsestückchen geschmolzen sind und Blasen bilden.

Obwohl ich die Tomaten für einen Pizzabelag normalerweise nicht vorkoche, mache ich hier eine Ausnahme. Ich bereite sie gerne zu, wenn ich eine große Menge vorrätig habe: Die gewürzten Tomaten einfach im Backofen backen, um eine hocharomatische, üppige Sauce zu erhalten. Am besten gleich eine große Portion zubereiten, denn Saucenreste eignen sich als Pastasauce oder schmecken wunderbar auf Toast oder einem anderen Brot.

# PIZZA CON SALSA DI POMODORINI AL FORNO

Pizza mit Sauce aus gebackenen Tomaten

Ergibt 2 runde Pizzas (32 cm ø)

1 Portion Grundrezept Pizzateig (siehe S. 80)

Für den Belag:
600 g Datteltomaten, halbiert
4 EL natives Olivenöl extra, plus mehr zum Beträufeln
3 Knoblauchzehen, zerdrückt
½ rote Chilischote, grob gehackt
1 Bund Basilikum, grob zerpflückt
Meersalz
1 Kugel Mozzarella, grob gehackt
20 g Parmesan, frisch gerieben

Für den Teig den Rezeptanweisungen von S. 80 folgen. Zwei große Backbleche mit etwas Mehl bestäuben.

Den Teig in zwei gleich große Stücke teilen und jeweils 2 Minuten kneten. Auf die vorbereiteten Backbleche legen, mit einem sauberen Geschirrtuch abdecken und 1 Stunde gehen lassen, bis sich das Volumen verdoppelt hat.

Den Backofen auf 220 °C (Umluft) vorheizen.

Für den Belag Tomaten, Olivenöl, Knoblauch, Chili, Basilikum und etwas Salz in einer Bratreine vermengen und 15 Minuten im Ofen backen, bis die Tomaten weich sind.

Jedes Teigstück auf einer leicht bemehlten Arbeitsfläche so dünn wie möglich zu einem Kreis ausrollen. Auf die Backbleche legen, die Pizzaböden mit der Tomatenmischung belegen, dann mit Mozzarella und Parmesan bestreuen und 10 Minuten im Ofen backen.

Herausnehmen, mit etwas Olivenöl beträufeln und sofort servieren.

Dieses von der Alpenküche inspirierte Pizzarezept ist zwar nicht komplett glutenfrei, verwendet aber gesundes Dinkel- und Buchweizenmehl für den Boden. Der einfache Belag aus roter Zwiebel passt hervorragend zum kräftig-nussigen Gruyère und Südtiroler Speck. Wer Abwechslung liebt, sollte unbedingt diese Pizza probieren.

# PIZZA DI GRANO SARACENO

## Dinkel-Buchweizen-Pizza mit Speck und Gruyère

Ergibt 1 runde Pizza (30 cm ø)

Für den Teig:
7 g Frischhefe
175 ml lauwarmes Wasser
200 g Dinkelvollkornmehl
50 g Buchweizenmehl
3 g Salz
Olivenöl für das Blech

Für den Belag:
2 EL natives Olivenöl extra
3 Thymianzweige
1 große rote Zwiebel, in Ringe geschnitten
60 g Gruyère, frisch gerieben
5 Scheiben Südtiroler Speck

Die Hefe im lauwarmen Wasser auflösen. Die beiden Mehlsorten auf einer sauberen Arbeitsfläche mit dem Salz vermengen. Die Hefemischung zugießen und alles zu einem Teig verarbeiten. 10 Minuten kneten, dann zu einer Kugel formen, mit Frischhaltefolie abdecken und an einem warmen Ort 1 Stunde gehen lassen, bis sich das Volumen verdoppelt hat.

Den Backofen auf 200 °C (Umluft) vorheizen. Ein Backblech mit ein wenig Olivenöl einfetten.

Für den Belag das Olivenöl in einer Pfanne bei mittlerer Temperatur erhitzen und den Thymian darin 1 Minute braten, bis er sein Aroma entfaltet. Die Zwiebel zugeben und 1 Minute unter Rühren anschwitzen. Dann die Hitze reduzieren, einen Deckel auflegen und so lange braten, bis sie weich ist. Vom Herd nehmen und beiseitestellen.

Den Teig zu einem runden Pizzaboden formen und auf das vorbereitete Backblech legen. Mit gebratener Zwiebel und Gruyère belegen und 10 Minuten im Ofen backen. Herausnehmen, mit Speckscheiben belegen und servieren.

Dieses traditionelle Gericht aus den Abruzzen war ursprünglich ein Arme-Leute-Essen, bei dem aus Resten eine sättigende Mahlzeit wurde. Wie viele derartige Gerichte hat auch dieses inzwischen einen Platz als lokale Spezialität erobert. Eine gesunde, glutenfreie Alternative zur klassischen Pizza. Der Boden besteht aus Polenta, die im Ofen gebacken wird. Einheimisches grünes Gemüse bildet den Belag, wobei ich mich hier für Stängelbrokkoli entschieden habe. Getrocknete und gegrillte Paprika, die im italienischen Feinkostgeschäft erhältlich sind, verleihen diesem rustikalen Gericht ein leicht rauchiges Aroma.

# PIZZA E FOJE

## Polentapizza mit grünem Gemüse

Ergibt 2 runde Pizzas (20 cm ø)

Für den Boden:
natives Olivenöl extra
1 TL Salz
300 g Minutenpolenta
40 g Parmesan, frisch gerieben

Für den Belag:
400 g Stängelbrokkoli
3 EL natives Olivenöl extra
2 Knoblauchzehen, im Ganzen zerdrückt
2 getrocknete rote Paprikaschoten, entkernt und grob gehackt
1 gegrillte rote Paprikaschote, abgeseiht (falls in Öl eingelegt), in Streifen geschnitten
Salz

Den Backofen auf 180 °C (Umluft) vorheizen. Zwei runde flache Terracottaschalen oder Backformen (20 cm ø) mit etwas Olivenöl einfetten.

1,2 l Wasser und Salz in einem Topf mit Antihaftbeschichtung zum Kochen bringen. Nach und nach unter ständigem Rühren mit einem Holzlöffel oder Schneebesen die Polenta zufügen. Die Hitze reduzieren und die Polenta unter Rühren laut Packungsangabe garen. Die sogenannte Minutenpolenta braucht meist 5 Minuten. Vom Herd nehmen und den geriebenen Parmesan einrühren. Die Polenta in die vorbereiteten Schalen oder Formen füllen, glatt streichen und mit etwas Olivenöl beträufeln. Etwa 50 Minuten im Ofen backen, bis sie leicht golden ist.

Inzwischen den Belag zubereiten: Den Brokkoli in einem Topf mit kochendem Wasser 5 Minuten garen, dann abseihen. Das Olivenöl in einer Pfanne bei mittlerer Hitze heiß werden lassen, Knoblauch und beide Paprika zugeben und unter Rühren 2 Minuten braten. Die Paprika herausnehmen und beiseitestellen. Brokkoli und ein wenig Salz in die Pfanne geben und unter Rühren 5 Minuten braten, sodass sich die Aromen entfalten können. Es macht nichts, wenn der Brokkoli etwas zu weich wird. Vom Herd nehmen und den Knoblauch entfernen.

Die Pizzaböden mit Brokkoli und den beiden Paprika belegen. Sofort servieren.

In Italien sind Mini-*pizzette* in Bäckereien und Take-aways ein gewohnter Anblick. Dieser traditionelle Belag für Pizza Margherita wird von allen gern gegessen.

# PIZZETTE MARGHERITA

## Mini-Pizzas mit Tomate, Mozzarella und Basilikum

Ergibt 5 *pizzette*

½ Portion Grundrezept Pizzateig (siehe S. 80)

Für den Belag:
6 EL Tomatenpassata
natives Olivenöl extra
Salz
1 Kugel Mozzarella, abgeseiht und grob gehackt
einige Basilikumblätter

Für den Teig den Rezeptanweisungen von S. 80 folgen. Mehrere Backbleche mit etwas Mehl bestäuben.

Den Teig in fünf gleich große Stücke (à 80 g) teilen und jeweils 2 Minuten kneten. Zu Kugeln formen, mit einem sauberen Geschirrtuch abdecken, und an einem warmen Ort 1 Stunde gehen lassen, bis sich das Volumen verdoppelt hat.

Den Backofen auf 220 °C (Umluft) vorheizen.

Die Teigkugeln zu kleinen Kreisen (10 cm ø) ausrollen und auf die vorbereiteten Backbleche legen. Die Tomatenpassata mit etwas Olivenöl und Salz vermengen. Jede *pizzetta* mit etwas Tomatenmischung bestreichen, mit Mozzarella und einigen Basilikumblättern belegen und etwas Olivenöl darüberträufeln. Etwa 10 Minuten im Ofen backen.

# PIZZETTE DI FUNGHI

## Mini-Pizzas mit Pilzen

Ergibt 5 *pizzette*

½ Portion Grundrezept Pizzateig (siehe S. 80)

Für den Belag:
4 EL natives Olivenöl extra
80 g Pancetta, fein aufgeschnitten
1 Knoblauchzehe, in feine Scheiben geschnitten
½ rote Chilischote, fein gehackt
Nadeln von 1 Rosmarinzweig
320 g Pilze nach Wahl, in feine Scheiben geschnitten

Für den Teig den Rezeptanweisungen von S. 80 folgen. Mehrere Backbleche mit etwas Mehl bestäuben.

Den Teig in fünf gleich große Stücke (à 80 g) teilen und jeweils 2 Minuten kneten. Zu Kugeln formen, mit einem sauberen Geschirrtuch abdecken und an einem warmen Ort 1 Stunde gehen lassen.

Für den Belag das Olivenöl in einer Pfanne bei mittlerer Hitze heiß werden lassen, Pancetta, Knoblauch, Chili und Rosmarin zugeben und unter Rühren 2 Minuten braten, ohne den Knoblauch anbrennen zu lassen. Die Pilze zufügen und weitere 3 Minuten braten, bis die Pilze gar sind. Vom Herd nehmen und beiseitestellen.

Den Backofen auf 220 °C (Umluft) vorheizen.

Die Teigkugeln zu kleinen Kreisen (10 cm ⌀) ausrollen und auf die vorbereiteten Backbleche legen. Jede *pizzetta* mit der Pilzmischung belegen und 10 Minuten im Ofen backen.

Parmaschinken und Rucola passen hervorragend zusammen und sind daher ein beliebter Pizzabelag. Rucola wird erst nach dem Backen auf die Pizza gelegt – so behält er sein frisches Aroma.

# PIZZETTE CON PROSCIUTTO E RUCOLA

## Mini-Pizzas mit Parmaschinken und Rucola

Ergibt 5 *pizzette*

½ Portion Grundrezept Pizzateig (siehe S. 80)

Für den Belag:
natives Olivenöl extra
5 Scheiben Parmaschinken (*prosciutto*)
1 Kugel Mozzarella, abgeseiht und grob gehackt
1 große Handvoll Rucola

Für den Teig den Rezeptanweisungen von S. 80 folgen. Mehrere Backbleche mit etwas Mehl bestäuben.

Den Teig in fünf gleich große Stücke (à 80 g) teilen und jeweils 2 Minuten kneten. Zu Kugeln formen, mit einem sauberen Geschirrtuch abdecken und an einem warmen Ort 1 Stunde gehen lassen, bis sich das Volumen verdoppelt hat.

Den Backofen auf 220 °C (Umluft) vorheizen.

Die Teigkugeln zu kleinen Kreisen (10 cm ø) ausrollen und auf die vorbereiteten Backbleche legen. Die *pizzette* mit etwas Olivenöl bestreichen und jeweils mit Parmaschinken und ein wenig Mozzarella belegen. Etwa 10 Minuten im Ofen backen.

Herausnehmen, mit Rucola belegen und mit Olivenöl beträufeln.

*Scapece* ist eine süditalienische Zubereitungsmethode für Zucchini: Sie werden zuerst kurz frittiert und dann eingelegt. Das intensive Minz-Essig-Aroma zieht schön in die Zucchini ein. Dieser Salat eignet sich auch als etwas anderer Pizzabelag.

# PIZZETTE ALLA SCAPECE

Mini-Pizzas mit Zucchini-Minze-Belag

Ergibt 5 *pizzette*

½ Portion Grundrezept Pizzateig (siehe S. 80)

Für den Belag:
Pflanzenöl zum Frittieren
360 g Zucchini, in feine Scheiben geschnitten
2 TL frisch gehackte Minzeblätter
1 Knoblauchzehe, fein gehackt
1 EL Weißweinessig
1 EL natives Olivenöl extra
Salz

Für den Teig den Rezeptanweisungen von S. 80 folgen. Mehrere Backbleche mit etwas Mehl bestäuben.

Den Teig in fünf gleich große Stücke (à 80 g) teilen und jeweils 2 Minuten kneten. Zu Kugeln formen, mit einem sauberen Geschirrtuch abdecken, und an einem warmen Ort 1 Stunde gehen lassen, bis sich das Volumen verdoppelt hat.

Reichlich Pflanzenöl in einer tiefen Pfanne bei mittlerer bis hoher Hitze heiß werden lassen und die Zucchini darin von beiden Seiten goldbraun frittieren. Auf Küchenpapier abtropfen. Minze, Knoblauch, Essig, Olivenöl und etwas Salz vermengen. Über die Zucchini gießen und 30 Minuten einziehen lassen.

Den Backofen auf 220 °C (Umluft) vorheizen.

Die Teigkugeln zu kleinen Kreisen (10 cm ø) ausrollen, auf die vorbereiteten Backbleche legen und mit den Zucchini belegen. Etwa 10 Minuten im Ofen backen.

*Saltimbocca* ist eine weitere Variante der »Pizzafamilie«. Der Teig bläht sich beim Backen auf und wird zu einem ovalen Ballon voll heißer Luft! Danach wird er aufgeschnitten, gefüllt und erneut einige Minuten in den Backofen geschoben. Diese typisch neapolitanische Füllung passt bestens zu dem pitaartigen Brot. Der Teig muss so dünn wie möglich sein – dann klappt's.

# SALTIMBOCCA ALLA SORRENTINA

*Saltimbocca* mit Auberginen

Ergibt 6 Stück

10 g Frischhefe
325 ml lauwarmes Wasser
500 g Weizenmehl Type 550
2 TL Salz

Für die Füllung:
natives Olivenöl extra
1 Knoblauchzehe, im Ganzen zerdrückt
600 g Auberginen, klein gewürfelt
10 Kirschtomaten, entkernt und grob gehackt
1 Handvoll Basilikumblätter, zerpflückt
1 Prise Salz
1 Kugel geräucherter Mozzarella, abgeseiht und in kleine Stücke geschnitten
20 g Pecorino, frisch gerieben

Die Hefe im lauwarmen Wasser auflösen. Mehl und Salz in einer großen Schüssel vermengen, die Hefemischung zugießen und alles zu einem Teig verarbeiten. Den Teig 10 Minuten kneten, bis er glatt und elastisch ist. Zu einer Kugel formen, mit Frischhaltefolie abdecken und an einem warmen Ort 1 Stunde gehen lassen, bis sich das Volumen verdoppelt hat.

Inzwischen für die Füllung 3 EL Olivenöl in einer Pfanne bei mittlerer Hitze heiß werden lassen und den Knoblauch darin 1 Minute sautieren. Auberginenwürfel zugeben und unter Rühren 10 Minuten goldbraun braten. Die Kirschtomaten unterrühren und weitere 2 Minuten garen. Die Basilikumblätter zufügen und alles mit Salz abschmecken. Dann vom Herd nehmen, den Knoblauch entfernen und die Pfanne beiseitestellen.

Den Backofen auf 220 °C (Umluft) vorheizen und ein Backblech mit Backpapier auslegen.

Den Teig in sechs gleich große Stücke teilen. Mit den Händen jedes Stück flach drücken und in eine rechteckige Form ziehen. Die Teigstücke auf das Backblech legen und 10 Minuten im Ofen backen, bis sie gut aufgegangen und goldbraun sind.

Herausnehmen und die *saltimbocca* mit einem scharfen Messer mit Wellenschliff aufschneiden. Mit Auberginenmischung, Mozzarella, Pecorino und einem Spritzer Olivenöl füllen und nochmals 2 Minuten backen, bis der Mozzarella geschmolzen ist.

Aus dem Backofen nehmen, die *saltimbocca* zuklappen, etwas flach drücken und servieren.

Die zusammengeklappte Pizza *calzone* (»Hose«) ist ein typisch neapolitanisches Streetfood. Wahrscheinlich hat man sie irgendwann einfach aus praktischen Gründen zusammengeklappt, um sie unterwegs leichter essen zu können. Sie lässt sich mit allem Möglichen füllen, was sich als Pizzabelag eignet. *Calzone* gibt es auch in Miniform; oft werden sie dann *panzerotti* genannt und frittiert statt gebacken. In Sizilien heißt die *calzone* übrigens *cuddurini*.

# CALZONE

Grundrezept *calzone*

**Ergibt 6 *calzone***

**10 g Frischhefe**
**325 ml lauwarmes Wasser**
**500 g Weizenmehl Type 550, plus mehr zum Kneten**
**2 TL Salz**
**natives Olivenöl extra zum Bestreichen**

Die Hefe im lauwarmen Wasser auflösen. Mehl und Salz auf einer sauberen Arbeitsfläche vermengen. Die Hefemischung zugießen und alles zu einem Teig verarbeiten. Den Teig 10 Minuten kneten, bis er glatt und elastisch ist. Dann zu einer Kugel formen, mit Frischhaltefolie abdecken und an einem warmen Ort 1 Stunde gehen lassen, bis sich das Volumen verdoppelt hat.

Den Backofen auf 220 °C (Umluft) vorheizen und ein Backblech mit Backpapier auslegen.

Den Teig erneut kurz durchkneten, dann in sechs gleich große Stücke teilen. Jedes Stück auf einer leicht bemehlten Arbeitsfläche zu einer Kugel formen, mit den Händen flach drücken und dehnen. Mit dem Nudelholz zu einem Kreis ausrollen. Ein wenig beliebige Füllung in der Mitte eines jeden Teigkreises platzieren, dabei aber rundum einen 3 cm breiten Rand freilassen. Den Rand mit Wasser bepinseln, eine Hälfte über die andere klappen, sodass ein Halbmond entsteht, und am Rand fest andrücken. Auf das vorbereitete Backblech legen, mit etwas Olivenöl bestreichen und 12 Minuten im Ofen backen.

**Füllungen:**
**Tomate, Kochschinken und Mozzarella** **(siehe S. 110)**
**Endiviensalat und entsteinte schwarze Oliven** **(siehe S. 111)**
**Kirschtomaten, Mozzarella und geriebener Parmesan**
**Kochschinken und geriebener Parmesan**
**Ricotta und rote Zwiebelringe**

Dies ist wahrscheinlich die bekannteste und beliebteste Füllung, und zwar nicht nur in Italien, sondern weltweit.

## CALZONE RIPIENO DI POMODORO, PROSCIUTTO E MOZZARELLA

*Calzone* mit Tomate, Kochschinken und Mozzarella

Ergibt 6 *calzone*

10 g Frischhefe
325 ml lauwarmes Wasser
500 g Weizenmehl Type 405, plus mehr zum Kneten
2 TL Salz
natives Olivenöl extra zum Bestreichen

Für die Füllung:
200 ml Tomatenpassata
1 EL natives Olivenöl extra
1 Prise Salz
6 kleine Scheiben Kochschinken
1 Kugel Mozzarella, abgeseiht und gehackt

Die Hefe im lauwarmen Wasser auflösen. Mehl und Salz in einer großen Schüssel vermengen. Die Hefemischung zugießen und alles zu einem Teig verarbeiten. Den Teig 10 Minuten kneten, bis er glatt und elastisch ist. Dann zu einer Kugel formen, mit Frischhaltefolie abdecken und an einem warmen Ort 1 Stunde gehen lassen, bis sich das Volumen verdoppelt hat.

Inzwischen für die Füllung die Passata in einer kleinen Schüssel mit Olivenöl und Salz vermengen.

Den Backofen auf 220 °C (Umluft) vorheizen und ein Backblech mit Backpapier auslegen.

Den Teig erneut kurz durchkneten, dann in sechs gleich große Stücke teilen. Jedes Stück auf einer leicht bemehlten Arbeitsfläche zu einer Kugel formen, mit den Händen flach drücken und dehnen. Mit dem Nudelholz zu einem Kreis ausrollen. Ein wenig Tomatensauce in der Mitte eines jeden Teigkreises verstreichen, aber rundum einen 3 cm breiten Rand freilassen. Mit Schinken und Mozzarella belegen, den Rand mit Wasser bepinseln, eine Hälfte über die andere klappen, sodass ein Halbmond entsteht, und am Rand fest andrücken. Auf das vorbereitete Backblech legen, mit etwas Olivenöl bestreichen und 12 Minuten im Ofen backen.

Dieses typisch süditalienische Salatgemüse liebe ich sehr. Gerne wird es als Calzonefüllung verwendet oder rund um Neapel sogar als Pizzabelag. Falls Endiviensalat nicht erhältlich ist, eignet sich stattdessen auch Friséesalat.

# CALZONE RIPIENO DI SCAROLA

*Calzone* mit Endiviensalat

Ergibt 6 *calzone*

Für den Teig:
1 Portion Grundrezept Calzoneteig (siehe S. 109)
natives Olivenöl extra zum Bestreichen

Für die Füllung:
4 EL natives Olivenöl extra
2 Knoblauchzehen, im Ganzen zerdrückt
6 Sardellenfilets
12 entsteinte schwarze Oliven
3 Köpfe Endiviensalat, gewaschen, Blätter getrennt und grob gehackt
Salz und schwarzer Pfeffer aus der Mühle

Für die *calzone* den Rezeptanweisungen von S. 109 folgen.

Für die Füllung das Olivenöl in einer Pfanne bei mittlerer Hitze heiß werden lassen und den Knoblauch darin 1 Minute sautieren, bis er golden ist. Den Knoblauch entfernen, Sardellen und Oliven ins heiße Öl geben und 1 Minute braten, bis sich die Sardellen auflösen. Den Endiviensalat einrühren, einen Deckel auflegen und bei niedriger bis mittlerer Hitze 8–10 Minuten garen, bis er zusammenfällt und gar ist. Abschmecken und, falls nötig, mit Salz und Pfeffer würzen. Vom Herd nehmen und abkühlen lassen.

Den Backofen auf 220 °C (Umluft) vorheizen und ein Backblech mit Backpapier auslegen.

Den Teig erneut kurz durchkneten, dann in sechs gleich große Stücke teilen. Jedes Stück auf einer leicht bemehlten Arbeitsfläche zu einer Kugel formen, mit den Händen flach drücken und dehnen. Mit dem Nudelholz zu einem Kreis ausrollen. Ein wenig Füllung in der Mitte des Kreises platzieren, aber rundum einen 3 cm breiten Rand freilassen. Den Rand mit Wasser bepinseln, eine Hälfte über die andere klappen, sodass ein Halbmond entsteht, und am Rand fest andrücken. Auf das vorbereitete Backblech legen, mit etwas Olivenöl bestreichen und 12 Minuten im Ofen backen.

Die Füllung mit Ricotta und roter Zwiebel ist sehr beliebt. Ich habe sie hier mit Salamistückchen verfeinert, die den Ricotta aromatischer machen.

# CALZONE CON RICOTTA E SALAME

*Calzone* mit Ricotta und Salami

Ergibt 6 *calzone*

Für den Teig:
1 Portion Grundrezept Calzoneteig (siehe S. 109)
natives Olivenöl extra zum Bestreichen

Für die Füllung:
250 g Ricotta, abgeseiht
1 Kugel Mozzarella, abgeseiht und klein gewürfelt
50 g Salami, in kleine Stücke geschnitten
25 g Parmesan, frisch gerieben
2 TL fein gehackte Petersilie
Salz und schwarzer Pfeffer aus der Mühle

Für die *calzone* den Rezeptanweisungen von S. 109 folgen.

Für die Füllung alle Zutaten gründlich vermengen und beiseitestellen.

Den Backofen auf 220 °C (Umluft) vorheizen und ein Backblech mit Backpapier auslegen.

Den Teig erneut kurz durchkneten, dann in sechs gleich große Stücke teilen. Jedes Stück auf einer leicht bemehlten Arbeitsfläche zu einer Kugel formen, mit den Händen flach drücken und dehnen. Mit dem Nudelholz zu einem Kreis ausrollen. Ein wenig Füllung in der Mitte des Kreises platzieren, aber rundum einen 3 cm breiten Rand freilassen. Den Rand mit Wasser bepinseln, eine Hälfte über die andere klappen, sodass ein Halbmond entsteht, und am Rand fest andrücken. Auf das vorbereitete Backblech legen, mit etwas Olivenöl bestreichen und 12 Minuten im Ofen backen.

Dies ist eine weitere beliebte *calzone*-Füllung und zugleich ein Pizzabelag, der in Süditalien häufig zum Einsatz kommt. Der dort verwendete Brokkoli heißt *cime di rape*, ist aber bei uns nicht so leicht erhältlich. Er kann durch Stängelbrokkoli oder normalen Brokkoli ersetzt werden.

# CALZONE CON SALSICCIA E BROCCOLI

*Calzone* mit Wurst und Brokkoli

Ergibt 6 *calzone*

Für den Teig:
1 Portion Grundrezept Calzoneteig (siehe S. 109)

Für die Füllung:
500 g Stängelbrokkoli, in Stücke geschnitten
3 EL natives Olivenöl extra
1 Knoblauchzehe, im Ganzen zerdrückt
3 grobe Bratwürste von guter Qualität, gehäutet und zerbröckelt
Salz

Für die *calzone* den Rezeptanweisungen von S. 109 folgen.

Für die Füllung den Brokkoli 2 Minuten blanchieren, dann abseihen und beiseitestellen. Das Olivenöl in einer Pfanne bei mittlerer Hitze heiß werden lassen, den Knoblauch darin 2 Minuten anschwitzen und entfernen. Wurst und Brokkoli zufügen, mit etwas Salz abschmecken und unter Rühren bei mittlerer Hitze 1 Minute garen. Die Temperatur reduzieren, einen Deckel auflegen und 10–15 Minuten braten, bis die Wurst gar und der Brokkoli zart, aber nicht zu weich ist.

Den Backofen auf 220 °C (Umluft) vorheizen und ein Backblech mit Backpapier auslegen.

Den Teig erneut kurz durchkneten, dann in sechs gleich große Stücke teilen. Jedes Stück auf einer leicht bemehlten Arbeitsfläche zu einer Kugel formen, mit den Händen flach drücken und dehnen. Mit dem Nudelholz zu einem Kreis ausrollen. Etwas Füllung in der Mitte eines jeden Teigkreises platzieren, dabei aber rundum einen 3 cm breiten Rand freilassen. Den Rand mit Wasser bepinseln, eine Hälfte über die andere klappen, sodass ein Halbmond entsteht. Auf das vorbereitete Backblech legen, mit etwas Olivenöl bestreichen und 12 Minuten im Ofen backen.

# TORTE SALATE

Wenn man an herzhafte Pasteten und Tartes denkt, fallen einem sofort Englands »meat pies« oder die französischen Quiches ein. Doch auch in Italien gibt es Pasteten, die unter dem Namen *torte salate* bekannt sind, was »herzhafte Kuchen« bedeutet.

*Torte salate* waren vermutlich schon zu Urzeiten eine beliebte Speise. Zur Feier des ersten Gemüses des Jahres und als Dank wurde oft eine Art Pastete gebacken. Dies geschah meist um die Osterzeit herum, wenn das wunderbare Frühlingsgemüse in den Gärten zu sprießen begann: So entstanden später die *Torta Pasqualina*, *Erbazzone* und *Torta Verde*, die noch heute einen bedeutenden Platz in der italienischen Küche einnehmen.

*Torte salate* waren eine tolle Möglichkeit, aus Brotteig eine richtige Mahlzeit zu machen. Für die Füllung verwendete man sämtliche Reste und erhielt so eine sättigende Speise für die ganze Familie. Am Brotbacktag gab es das bei uns daheim oft als Mahlzeit oder als Snack. *Torte salate* werden gern zum Picknick mitgenommen, da sie gut sättigen und gesund schmecken.

Oft serviert man sie als Vorspeise mit einem anderen *antipasto*-Gericht, meist zu einer besonderen Gelegenheit – eine große *torta salata* wird mitten auf den Tisch gestellt und alle bekommen ein kleines Stück davon. Heute gönne ich mir ein oder zwei Stücke *torta salata* zum Mittag- oder Abendessen und esse dazu einen Salat.

Der traditionelle Teig für *torte salate*, manchmal *pasta matta* genannt, ist eine simple Mischung aus Mehl, Salz, Olivenöl und Wasser, die bis heute für viele Tartes wie die beliebte *Erbazzone* (siehe S. 116) verwendet wird. Der Teig ist schnell gemacht, muss nicht kalt gestellt werden und lässt sich fix ausrollen. Sein kaum vorhandener Eigengeschmack macht ihn zum idealen Partner von allerlei herzhaften Füllungen.

Diese Teige für herzhafte Pasteten sind ursprünglich in Italien entstanden. Auch üppige Mürbteige, die *pasta frolla*, werden für Tartes und Pasteten verwendet.

Diese herzhafte Pastete, auch *Scarpazzone* genannt, ist ein Gericht aus der Emilia Romagna. Die Bauernpastete füllte man mit saisonalem Gemüse, das meist aus dem eigenen Garten stammte, und manchmal noch mit etwas regionalem Käse als Würze. Traditionell wurde sie in einem runden Kupfergefäß (im Dialekt als *al sol* bekannt) im Holzbackofen gebacken, wo auch das Brot zubereitet wurde. In der Emilia Romagna ist die Pastete mit regionalem Gemüse immer noch sehr beliebt. In meiner Version habe ich Mangold mit Stiel (schmeckt aromatischer) verwendet, der aber auch durch Spinat ersetzt werden kann. Für ein vegetarisches Gericht einfach den *prosciutto* weglassen.

# ERBAZZONE

## Pastete mit grünem Gemüse

Für 8 Personen

Für den Teig:
400 g Weizenmehl Type 405, gesiebt, plus mehr zum Arbeiten
1 ¼ TL Salz
2 EL natives Olivenöl extra, plus mehr für die Form und zum Bestreichen

Für die Füllung:
3 EL natives Olivenöl extra
2 Knoblauchzehen, fein gehackt
100 g *prosciutto*, fein aufgeschnitten
150 g Lauch, fein gehackt
1 kg Mangold, grob gehackt
Salz und schwarzer Pfeffer aus der Mühle
150 g Parmesan, frisch gerieben

Für den Teig Mehl und Salz in einer großen Schüssel vermengen, Olivenöl und 200 ml Wasser zugießen und alles zu einem glatten Teig verarbeiten. In Frischhaltefolie wickeln und kalt stellen.

Für die Füllung das Olivenöl in einer großen Pfanne bei mittlerer Hitze heiß werden lassen und Knoblauch sowie *prosciutto* darin unter Rühren braten, bis der Schinken knusprig wird. Den Lauch zufügen und 2 Minuten anschwitzen. Den Mangold zugeben, mit Salz und Pfeffer würzen und bei niedriger bis mittlerer Hitze 15 Minuten garen, bis er weich ist. Vom Herd nehmen, abkühlen lassen, Flüssigkeit abtropfen lassen und 100 g Parmesan unterrühren.

Den Backofen auf 160 °C (Umluft) vorheizen und eine Tarteform mit herausnehmbarem Boden (28 cm ø) mit Olivenöl einfetten.

Den Teig halbieren, wobei eine Hälfte deutlich größer sein sollte (ca. 380 g). Das größere Stück auf einer leicht bemehlten Arbeitsfläche rund ausrollen und die vorbereitete Form inklusive Rand damit auskleiden. Den Teigboden mit der Mangoldfüllung bedecken und mit dem restlichen Parmesan bestreuen. Den restlichen Teig ausrollen, als Deckel obenauf legen und an den Rändern fest andrücken. Den Teigdeckel mit einer Gabel gleichmäßig einstechen, mit etwas Olivenöl bestreichen und die Pastete 30–35 Minuten im Ofen goldbraun backen. Leicht abkühlen lassen und warm servieren.

Diese köstlich-rustikale Pastete aus Brotteig ist mit meinem liebsten süditalienischen Gemüse gefüllt. Sie schmeckt heiß oder kalt. Als ich ein kleiner Junge war, nahmen wir solche nahrhaften Pasteten immer auf Ausflüge und Picknicks mit – danach waren wir satt und zufrieden.

# TORTA SALATA CON SCAROLA

Herzhafte Pastete mit Endiviensalat

**Für 4–6 Personen**

**Für den Teig:**
**10 g Frischhefe**
**150 ml lauwarmes Wasser**
**250 g Weizenmehl Type 550, plus mehr zum Arbeiten**
**1 Prise Salz**
**4 TL Olivenöl**

**Für die Füllung:**
**4 EL natives Olivenöl extra**
**2 Knoblauchzehen, ganz**
**4 Sardellenfilets**
**800 g Endiviensalat, in dünne Streifen geschnitten**
**25 g Kapern**
**50 g entsteinte schwarze Oliven**
**25 g Pinienkerne**
**Salz und schwarzer Pfeffer aus der Mühle**
**75 g Provolone (oder reifer Cheddar), klein gewürfelt**

Die Hefe im lauwarmen Wasser auflösen. Mehl und Salz in einer großen Schüssel vermengen, Hefemischung und Olivenöl zugießen und alles zu einem Teig verarbeiten. Den Teig 10 Minuten kneten, bis er glatt und elastisch ist. Mit Frischhaltefolie abdecken und an einem warmen Ort 1 Stunde gehen lassen, bis sich das Volumen verdoppelt hat.

Inzwischen für die Füllung das Olivenöl in einer großen Pfanne bei mittlerer Hitze heiß werden lassen und Knoblauch sowie Sardellen darin anschwitzen, bis die Sardellen zerfallen sind und der Knoblauch goldbraun ist. Diesen entfernen. Den Endiviensalat zufügen und unter Rühren 1 Minute braten. Kapern, Oliven und Pinienkerne zugeben, mit Salz und Pfeffer würzen und alles gut vermengen. Auf niedrige Temperatur reduzieren, einen Deckel auflegen und 15 Minuten garen, bis der Endiviensalat weich ist. Vom Herd nehmen und den Provolone einrühren.

Den Backofen auf 200 °C (Umluft) vorheizen und eine Backform (23 cm ø) mit Backpapier auslegen.

Den Teig halbieren, wobei ein Stück deutlich größer als das andere sein sollte. Das größere Stück auf einer leicht bemehlten Arbeitsfläche rund ausrollen und die vorbereitete Backform damit auskleiden. Mit der Endiviensalatmischung füllen. Den restlichen Teig ausrollen, als Deckel auf die Füllung legen und an den Rändern fest andrücken. Den Teigdeckel mit einer Gabel gleichmäßig einstechen und 30–35 Minuten im Ofen goldbraun backen.

Aus dem Backofen nehmen, 10 Minuten ruhen lassen und servieren.

Statt Brotteig habe ich für diese Pastete einen Mürbteig mit etwas Schweineschmalz zubereitet; Sie können aber auch einfach mehr Butter nehmen. *Guanciale* (Schweinebäckchen) macht dieses Gericht zu etwas Besonderem – er könnte durch *pancetta* ersetzt werden, aber ich rate wirklich zu *guanciale*, der im guten italienischen Feinkostgeschäft erhältlich ist. Die Pastete ist ganz leicht zubereitet – wer es eilig hat, kann sogar Fertigteig kaufen. Der überstehende Teigrand wird einfach nach oben geklappt und zusammengedrückt, sodass der Großteil der Füllung noch zu sehen ist, was ganz hübsch aussieht. Wer will, kann die Pastete auch kalt essen – mir schmeckt sie am nächsten Tag am besten. Sie ist recht sättigend, weshalb ich einen Salat dazu empfehlen würde. *Foto S. 118.*

# TORTA SALATA APERTA CON SPINACI, E GUANCIALE E POMODORINI SECCHI

## Offene Pastete mit Spinat, *guanciale* und sonnengetrockneten Tomaten

Für 4–6 Personen

Für den Teig:
340 g Weizenmehl Type 405, plus mehr zum Arbeiten
1 Prise Salz
110 g Butter, gewürfelt
50 g Schweineschmalz, gewürfelt
ca. 6 EL eiskaltes Wasser

Für die Füllung:
1 EL natives Olivenöl extra
1 kleine Zwiebel, gewürfelt
200 g *guanciale*, gewürfelt
4 sonnengetrocknete Tomaten, grob gehackt
60 g grüne Oliven, in Ringe geschnitten oder ganz
1 EL Tomatenmark, mit 1 Spritzer Weißwein vermengt
schwarzer Pfeffer aus der Mühle
500 g Blattspinat
2 Bio-Eier, verquirlt
20 g Parmesan, gerieben
2 Kirschtomaten, halbiert
1 Bio-Eigelb, verquirlt

Für den Teig Mehl und Salz in einer großen Schüssel vermengen. Butter und Schmalz zugeben und mit den Fingerspitzen einarbeiten. Eiskaltes Wasser zugießen und kneten, bis ein glatter Teig entstanden ist. In Frischhaltefolie wickeln und mindestens 30 Minuten kalt stellen.

Den Backofen auf 190 °C (Umluft) vorheizen und eine Keramikform (24 cm ø) mit Backpapier auslegen.

Für die Füllung das Öl in einer großen Pfanne bei mittlerer Hitze heiß werden lassen und Zwiebel sowie *guanciale* darin anschwitzen, bis die Zwiebel weich ist. Getrocknete Tomaten, Oliven und Tomatenmark zufügen und mit etwas Pfeffer würzen. Den Spinat zugeben und 1 Minute dünsten, bis er zusammengefallen ist. Vom Herd nehmen und abkühlen lassen. Überschüssiges Öl, falls nötig, abgießen. Eier und Parmesan einrühren, dann beiseitestellen.

Den Teig auf einer leicht bemehlten Arbeitsfläche zu einem 1 cm dicken Kreis ausrollen und die vorbereitete Form damit auskleiden. Es sollte reichlich Teig überhängen. Die Füllung auf dem Teigboden verteilen, den Teigrand nach innen klappen und an mehreren Stellen zusammendrücken. Der Großteil der Füllung bleibt sichtbar. Die Tomatenhälften obenauf legen und die Pastete 50 Minuten im Ofen backen. Ungefähr nach der Hälfte der Backzeit den Teig mit Eigelb bestreichen und weiterbacken, bis er goldbraun ist.

Herausnehmen, 5 Minuten ruhen lassen, dann aufschneiden und servieren. Die Pastete kann auch kalt verzehrt werden.

Diese köstliche Pastete wird mit *pasta matta* gemacht, was so viel wie »verrückter Teig« bedeutet! Ich habe keine Ahnung, woher dieser bizarre Name kommt, doch der Teig wird in Italien häufig für süße und herzhafte Köstlichkeiten verwendet. Er ist im Nu zubereitet, lässt sich leicht ausrollen, da er nicht bröckelt, und ist aufgrund des niedrigen Fettgehalts recht kalorienarm. Ricotta und Zucchini passen bestens zueinander; durch das Gitter aus gegrillten Zucchini sieht die Pastete sehr hübsch aus und schmeckt auch noch hervorragend! Perfekt als leichtes Mittagessen mit gemischtem Salat oder kalt als Picknickgericht. *Foto S. 119.*

# TORTA RUSTICA CON ZUCCHINE E RICOTTA

## Zucchini-Ricotta-Pastete

**Für 6 Personen**

**Für den Teig:**
- 400 g Weizenmehl Type 405, gesiebt, plus mehr zum Arbeiten
- 1 Prise Salz
- 6 EL natives Olivenöl extra
- 150 ml Mineralwasser mit Kohlensäure

**Für die Füllung:**
- 3 große Zucchini
- 1 EL natives Olivenöl extra
- 40 g Pancetta, klein gewürfelt
- 1 kleine Zwiebel, fein gehackt
- 250 g Ricotta
- 1 Bio-Ei
- 1 Handvoll Basilikumblätter, grob zerpflückt
- 40 g Parmesan, frisch gerieben
- Salz und schwarzer Pfeffer aus der Mühle
- Eistreich (siehe S. 13)

Für den Teig Mehl und Salz in einer großen Schüssel vermengen. In die Mitte eine Mulde drücken, Olivenöl sowie nach und nach Mineralwasser zugießen und alles zu einem weichen Teig verarbeiten. Zu einer Kugel formen, in Frischhaltefolie wickeln und 20 Minuten ruhen lassen.

Für die Füllung zwei Zucchini längs in 5 mm dicke Streifen schneiden. Eine Grillpfanne stark erhitzen und die Zucchini darin von jeder Seite braten, bis sie weich sind. Herausnehmen und beiseitestellen.

Den Backofen auf 170 °C (Umluft) vorheizen. Eine Backform (24 cm ⌀) mit Backpapier auslegen.

Die restliche Zucchini in feine Scheiben schneiden. Das Olivenöl in einer Pfanne erhitzen und Pancetta sowie Zwiebel bei mittlerer Hitze braten, bis der Schinken knusprig und die Zwiebel weich ist. Die Zucchinischeiben zugeben, auf niedrige Temperatur reduzieren, einen Deckel auflegen und 5 Minuten garen, bis die Zucchini weich ist. Vom Herd nehmen, Flüssigkeit abseihen und abkühlen lassen.

Ricotta, Ei, Basilikum, Parmesan und Zucchinimischung in einer Schüssel vermengen und mit Salz und Pfeffer würzen.

Den Teig auf einer bemehlten Arbeitsfläche 2 mm dick zu einem Kreis ausrollen und die Backform damit auslegen. Reichlich Teig überstehen lassen. Die Füllung darin verteilen. Die Zucchinistreifen in einem Gittermuster darauflegen, den Teigrand nach innen klappen und an einigen Stellen zusammendrücken. Teig und Zucchini mit Eistreich bepinseln und 25 Minuten im Ofen goldbraun backen.

Herausnehmen, 5 Minuten ruhen lassen, aufschneiden und servieren.

Während meiner Kindheit wurden häufig herzhafte Pasteten gebacken, besonders am Brotbacktag, wenn wir Teig übrig hatten. Als Füllung verwendeten wir, was gerade zur Hand war. Diese Pastete backt man am besten im Frühjahr, wenn frische Dicke Bohnen erhältlich sind. Doch auch mit TK-Bohnen schmeckt sie köstlich. Die eingelegten Artischocken sorgen für das gewisse Etwas und die Kartoffeln für Sättigung.

# TORTA SALATA CON FAVE E CARCIOFI

Pastete mit Dicken Bohnen und Artischocken

Für 4–6 Personen

Für den Teig:
10 g Frischhefe
150 ml lauwarmes Wasser
250 g Weizenmehl Type 550, plus mehr zum Arbeiten
1 Prise Salz
2 EL weiche Butter, in Stücke geschnitten

Für die Füllung:
300 g Kartoffeln, geschält und in 1 cm dicke Scheiben geschnitten
Salz und schwarzer Pfeffer aus der Mühle
2 EL natives Olivenöl extra, plus mehr zum Beträufeln
1 Bananenschalotte, fein gehackt
150 g Dicke Bohnen, enthülst
300 g eingelegte Artischocken (aus dem Glas), abgetropft
70 g Parmaschinken (*prosciutto*), gehackt
4 Bio-Eigelb, verquirlt
3 EL Milch
40 g Parmesan, frisch gerieben

Die Hefe im lauwarmen Wasser auflösen. Mehl, Salz und Butter in einer großen Schüssel vermengen. In die Mitte eine Mulde drücken, nach und nach die Hefemischung zugießen und alles zu einem weichen Teig verarbeiten. Auf der Arbeitsfläche 10 Minuten kneten, dann zu einer Kugel formen, abdecken und an einem warmen Ort 1 Stunde gehen lassen, bis sich das Volumen verdoppelt hat.

Den Backofen auf 200 °C (Umluft) vorheizen und eine runde Backform (24 cm ø) mit Backpapier auslegen. Ein Backblech leicht einfetten.

Für die Füllung die Kartoffelscheiben auf das Backblech legen, mit Salz und Pfeffer würzen und mit Olivenöl beträufeln. Etwa 10 Minuten im Ofen goldbraun backen, dann herausnehmen und beiseitestellen.

Das Öl in einer Pfanne bei mittlerer Hitze heiß werden lassen und Schalotte sowie Bohnen darin sautieren, bis sie weich sind. Vom Herd nehmen und abkühlen lassen. Mit Artischocken, Schinken, 3 Eigelbe, Milch, Parmesan und den Kartoffeln vermengen, mit Salz und Pfeffer würzen und beiseitestellen.

Den Teig halbieren, wobei eine Hälfte deutlich größer sein sollte. Das größere Stück auf einer bemehlten Arbeitsfläche rund ausrollen und die vorbereitete Backform damit auskleiden. Die Gemüsefüllung darauf verteilen. Den restlichen Teig ausrollen und die Pastete damit abdecken. Die Ränder fest andrücken. Mit einer Gabel einstechen und 35 Minuten im Ofen goldbraun backen. Nach der Hälfte der Backzeit den Teigdeckel mit etwas verquirltem Eigelb bestreichen.

Herausnehmen, 5 Minuten ruhen lassen und servieren. Die Pastete schmeckt einfach köstlich, egal ob heiß oder kalt.

Der Teig dieser Pilzpastete wird aus mehreren Mehlsorten zubereitet und ist deshalb leicht und aromatisch. Die Füllung kann sowohl aus Zuchtchampignons wie auch aus Wildpilzen bestehen. Die Pastete wird wie ein *fagotto* oder ein Säckchen zusammengebunden, was sehr hübsch aussieht. Sie schmeckt heiß oder kalt ganz wunderbar. Dazu passt ein Salat.

# FAGOTTO DI FUNGHI CON FARINE MISTE

## Pilzpastete mit Teig aus gemischtem Mehl

**Für 4–6 Personen**

**Für den Teig:**
**12 g Frischhefe**
**150 ml lauwarmes Wasser**
**250 g Weizenmehl Type 405**
**25 g Buchweizenmehl**
**25 g italienisches Kichererbsenmehl**
**25 g Polentamehl**
**1 TL Salz**
**1 Bio-Ei**

**Für die Füllung:**
**50 ml natives Olivenöl extra**
**60 g Pancetta, gewürfelt**
**1 Stange Lauch, in feine Ringe geschnitten**
**Blättchen von 3 Thymianzweigen**
**600 g Pilze, in Scheiben geschnitten**
**Salz und schwarzer Pfeffer aus der Mühle**
**1 Spritzer Weißwein**
**Eistreich (siehe S. 13)**

Die Hefe im lauwarmen Wasser auflösen. Mehle und Salz in einer großen Schüssel vermengen, Hefemischung und Ei zugeben und alles zu einem Teig verarbeiten. 10 Minuten kneten, dann mit Frischhaltefolie abdecken und an einem warmen Ort 1 Stunde gehen lassen, bis sich das Volumen verdoppelt hat.

Für die Füllung das Olivenöl in einer Pfanne stark erhitzen und Pancetta, Lauch und Thymian darin unter Rühren 3–4 Minuten braten. Die Pilze zufügen, vermengen und mit Salz und Pfeffer würzen. Den Wein zugießen und 1 Minute einkochen. Auf mittlere Temperatur reduzieren, einen Deckel auflegen und 5 Minuten garen.

Den Backofen auf 160 °C (Umluft) vorheizen. Eine Backform oder ein Backblech mit Backpapier auslegen.

Den Teig dünn auf die Größe der Form oder des Blechs ausrollen und hineinlegen. Gleichmäßig mit der Gabel einstechen und die Pilzmischung in die Mitte geben. Die vier Ecken des Teigs nach oben ziehen und ein kleines Päckchen daraus formen (siehe Foto). Mit Küchengarn zusammenbinden und die ganze Pastete mit Eistreich bepinseln. Etwa 45 Minuten im Ofen goldbraun backen.

Herausnehmen und 5 Minuten ruhen lassen, dann aufschneiden und servieren.

Diese herzhafte Tarte ist das genaue Gegenteil der süßen Version, die in Neapel zu Ostern so beliebt ist (siehe S. 175). Wer nicht weiß, dass es sich um die pikante Variante handelt, kann dies auf den ersten Blick auch nicht erkennen. Sie schmeckt sehr reichhaltig, da sie mit mehreren Käsesorten, Salami und Mortadella gefüllt ist! Am besten einfach das verwenden, was gerade im Haus ist. Zwar schmeckt die Pastete auch heiß sehr gut, aber am besten ist sie, wenn man sie eine Weile durchziehen lässt.

# PASTIERA SALATA

## Herzhafte neapolitanische Weizenpastete

Für 8 Personen

Für den Teig:
450 g Weizenmehl Type 405, gesiebt, plus mehr zum Arbeiten
1 Prise Salz
40 g Parmesan, frisch gerieben
120 ml natives Olivenöl extra, plus mehr für die Form
3 Bio-Eigelb
ca. 4 EL eiskaltes Wasser

Für die Füllung:
300 g vorgekochter Weizen (*Grano Cotto Pastiera*, aus dem italienischen Feinkosthandel oder online)
200 ml Milch
50 g Butter
300 g Ricotta
4 Bio-Eigelb
80 g Provolone (oder reifer Cheddar), klein gewürfelt
80 g Fontina, klein gewürfelt
80 g Parmesan, frisch gerieben
20 g Pecorino, gerieben
100 g neapolitanische Salami, klein gewürfelt
60 g Mortadella, grob gehackt
Salz und schwarzer Pfeffer aus der Mühle

Für den Teig Mehl, Salz und Parmesan in einer großen Schüssel vermengen. Erst Olivenöl und Eigelbe, dann nach und nach eiskaltes Wasser zufügen und alles zu einem glatten Teig verarbeiten. In Frischhaltefolie wickeln und bei Zimmertemperatur ruhen lassen.

Für die Füllung Weizen, Milch und Butter in einem Topf bei mittlerer Hitze erwärmen, bis die Milch aufgesogen ist und die Mischung eine cremige Konsistenz hat. Dabei mit einem Holzkochlöffel ständig umrühren. Vom Herd nehmen und abkühlen lassen.

Den Backofen auf 160 °C (Umluft) vorheizen. Eine Tarteform (28 cm ø) mit herausnehmbarem Boden mit Olivenöl einfetten und mit Mehl bestäuben.

Den Ricotta mit einer Gabel zerdrücken und mit der abgekühlten Weizenmischung vermengen, dann Eigelbe, Käsesorten, Salami und Mortadella unterrühren. Mit etwas Salz und Pfeffer würzen, dabei aber daran denken, dass Käse und Wurst bereits recht salzig sind.

Den Teig auf einer leicht bemehlten Arbeitsfläche 5 mm dick ausrollen und die Tarteform damit auskleiden. Die Füllung darauf verteilen. Teigreste erneut ausrollen und in dünne Streifen schneiden. Im Gittermuster über die Füllung legen.

Etwa 40–45 Minuten im Ofen backen, bis der Käse geschmolzen, die Füllung aufgegangen und der Teig rundum goldbraun ist.

Aus dem Backofen nehmen und vor dem Servieren mindestens 20 Minuten ruhen lassen.

Ich rate den Leuten normalerweise nicht zum Kauf von Fertigteig, aber die Zubereitung von Blätterteig hat so ihre Tücken. Für dieses Rezept schummle ich also selbst und kaufe Blätterteig aus dem Kühlregal. In Italien füllt man *torta salata* oder *rotolo* gerne mit gemischtem, leicht bitterem Gemüse, genannt *erbette*, das ich aber außerhalb Italiens noch nicht gesehen habe. Deshalb nehme ich bunten Mangold, der hübsch aussieht, lecker schmeckt und zudem gut zum Blätterteig passt. Die Kartoffeln harmonieren bestens mit dem köstlichen Provolone. Sollte er nicht erhältlich sein, einfach reifen Cheddar von guter Qualität nehmen. Die *rotolo* würde ich mit einem Tomatensalat als leichte Mahlzeit servieren, sie eignet sich aber auch hervorragend als Snack oder zu einem Picknick.

# ROTOLO CON BIETOLE

Blätterteigrolle mit buntem Mangold

**Für 4–6 Personen**

**60 g Butter**
**1 kleine Zwiebel, fein gehackt**
**600 g bunter Mangold, mit Stängeln in feine Streifen geschnitten**
**Salz und schwarzer Pfeffer aus der Mühle**
**1 große Kartoffel, geschält und in feine Scheiben gehobelt**
**2 EL geriebener Parmesan**
**500 g Blätterteig (aus dem Kühlregal)**
**etwas Mehl zum Arbeiten**
**50 g Provolone, gehobelt**
**Eistreich (siehe S. 13)**

Die Butter in einer großen Pfanne zerlassen und die Zwiebel darin bei mittlerer Hitze sautieren, bis sie weich ist. Mangold zufügen, mit Salz und Pfeffer würzen und einen Deckel auflegen. Die Temperatur reduzieren und 10 Minuten braten, bis der Mangold weich ist, aber nicht zerfällt. Die Stängel sollten *al dente* sein. Die Kartoffelscheiben unterrühren und 2 Minuten mitgaren. Vom Herd nehmen und abkühlen lassen, dann den Parmesan einrühren.

Den Backofen auf 170 °C (Umluft) vorheizen und ein Backblech mit Backpapier auslegen.

Den Teig auf einer leicht bemehlten Arbeitsfläche zu einem 2–3 mm dicken Rechteck ausrollen. Die Füllung entlang einer der längeren Seiten (etwa ein Viertel der Teigbreite vom Rand entfernt) verteilen, mit Provolone bestreuen, den Teig darüberklappen und einrollen. Beide Enden zu einem Ring zusammenführen und festdrücken. Auf das vorbereitete Backblech legen und mit einem kleinen, scharfen Messer im Abstand von 3–4 cm längliche Einschnitte anbringen. Den Teig mit Eistreich bepinseln. Etwa 40 Minuten im Ofen backen, bis der Teigring goldbraun ist.

Herausnehmen und 3–4 Minuten ruhen lassen. An den Einschnitten durchschneiden und warm oder kalt servieren.

Eine tolle Kombination aus klassischer Pastete und typisch italienischer Hähnchenfüllung. Der Name *alla Cacciatora* bedeutet »nach Jägerart« – vermutlich wurde die Pastete ursprünglich mit Wildgeflügel oder Kaninchen gefüllt. Wie viele italienische Gerichte hat sich auch diese Pastete aus der *cucina povera* entwickelt, bei der die Leute die Dinge verwerteten, die gerade vorrätig waren: In diesem Fall Hähnchen mit Gemüse und Kräutern. Von dieser Pastete existieren unzählige Versionen, die fast überall in Italien mit Brot gegessen werden. Der Teig ist ein normaler Mürbteig, aber man kann auch fertigen Blätterteig aus dem Kühlregal für den Teigdeckel verwenden.

# TORTA SALATA CON POLLO ALLA CACCIATORA

Pastete mit Hähnchen *Cacciatora*

**Für 4 Personen**

**Für den Teig:**
**250 g Weizenmehl Type 405, gesiebt, plus mehr zum Arbeiten**
**125 g kalte Butter, gewürfelt**
**ca. 4 EL eiskaltes Wasser**

**Für die Füllung:**
**4 EL natives Olivenöl extra**
**1 kleine Zwiebel, gehackt**
**½ rote Chilischote, gehackt**
**1 Stange Staudensellerie, fein gehackt**
**1 Karotte, fein gehackt**
**1 rote Paprika, fein gehackt**
**450 g Hähnchenbrust, in Stücke geschnitten**
**Salz und schwarzer Pfeffer aus der Mühle**
**2 Thymianzweige**
**100 ml Weißwein**
**1 EL Tomatenmark, mit 2 EL warmem Wasser vermengt**
**175 g Kirschtomaten, halbiert**
**250 g kleine Champignons, in Scheiben geschnitten**
**100 ml Hühnerbrühe**
**1 Bio-Ei (Größe S), verquirlt**

Für den Teig das Mehl in eine große Schüssel füllen, die Butter zufügen und mit den Fingerspitzen einarbeiten. Nach und nach kaltes Wasser zugeben und alles zu einem glatten Teig vermengen. In Frischhaltefolie wickeln und mindestens 30 Minuten kalt stellen.

Für die Füllung das Olivenöl in einer großen Pfanne bei mittlerer Hitze heiß werden lassen. Zwiebel, Chili, Sellerie, Karotte und Paprika darin 5 Minuten sautieren. Die Hähnchenstücke mit Salz und Pfeffer einreiben und in der Pfanne rundum gut anbraten. Den Thymian zugeben, die Temperatur erhöhen, den Wein zugießen und 3–4 Minuten einkochen lassen. Die Temperatur reduzieren, dann verdünntes Tomatenmark, Kirschtomaten, Champignons und Brühe zufügen, einen Deckel auflegen und 25 Minuten köcheln. Vom Herd nehmen und leicht abkühlen lassen.

Inzwischen den Backofen auf 180 °C (Umluft) vorheizen.

Die Hähnchenfüllung in einer runden Auflaufform (24 cm ø) verteilen. Den Teig auf einer leicht bemehlten Arbeitsfläche 2 mm dick ausrollen und auf die Füllung legen. Die Ränder gut andrücken. Gleichmäßig mit dem Ei bepinseln, dann in den Teigdeckel einen kleinen Spalt schneiden und die Pastete 30–35 Minuten im Ofen backen, bis sie goldbraun und gut durcherhitzt ist. Herausnehmen und servieren.

Diese umbrischen Fladenbrote verdanken ihren Namen dem flachen Stein, der zum Erhitzen ans Feuer gelegt wurde, sodass man darauf die Teigkreise backen konnte. Da die Fladenbrote schnell fertig waren und nicht viel kosteten, wurden sie auf dem Land oft statt Brot gebacken – oft in großen Mengen, die dann in einem besonderen Behälter an der Feuerstelle aufbewahrt wurden. Dort blieben sie warm, bis der Rest der Familie nach Hause kam. Heutzutage schneidet man die Fladenbrote auf und füllt sie mit regionalen Wurst-, Schinken- und Käsespezialitäten. In Umbrien, besonders rund um Perugia, sind sie so beliebt, dass ihnen zu Ehren *sagre* (Food Festivals) stattfinden. Ich bereite sie gerne mit zerlaufendem Fontina und Schinken zu und serviere sie meinen Mädchen als »italienische Käsetoasties«. Mit Pesto und Parmesan oder anderen Mischungen wie Wurst, eingelegtem Gemüse und Salat schmecken sie genauso lecker.

# TORTA AL TESTO

## Umbrisches Fladenbrot

**Für 8 Personen**

**12 g Frischhefe**
**320 ml lauwarmes Wasser**
**500 g Weizenmehl Type 550, gesiebt, plus mehr zum Arbeiten**
**1 Prise Salz**
**1 EL natives Olivenöl extra**

**Für die Füllung:**
**Kochschinken**
**Fontina, grob aufgeschnitten**
**Basilikumpesto**
**geriebener Parmesan**

Ein großes Backblech mit Backpapier auslegen.

Die Hefe im lauwarmen Wasser auflösen. Mehl und Salz in einer großen Schüssel vermengen. Olivenöl und Hefemischung zugießen und alles zu einem Teig vermengen. 10 Minuten kneten, dann mit Frischhaltefolie abdecken und an einem warmen Ort 2 Stunden gehen lassen, bis sich das Volumen verdoppelt hat.

Den Teig in acht Stücke (à 100 g) aufteilen. Jedes Teigstück auf einer leicht bemehlten Arbeitsfläche zu einem Kreis (20 cm ⌀) ausrollen und gleichmäßig mit einer Gabel einstechen.

Eine Grillpfanne oder eine Pfanne mit Antihaftbeschichtung stark erhitzen. Einen Teigfladen hineinlegen und von beiden Seiten goldbraun backen. Mit dem restlichen Teig ebenso verfahren.

Den Backofen auf 180 °C (Umluft) vorheizen.

Sobald die Fladenbrote kühl genug zum Anfassen sind, auf einer Seite aufschneiden, mit Schinken und Käse oder Pesto und Parmesan oder nach Belieben einer anderen Mischung füllen. Am Rand zusammendrücken und auf das vorbereitete Backblech legen. Einige Minuten im Ofen backen, bis der Käse geschmolzen ist und die Fladenbrote durcherhitzt sind. Sofort servieren.

Diese Röllchen aus Weizenmehl und Polenta ergeben mit einem Salat ein köstliches Mittagessen. Oder man serviert sie zwischendurch als Snack. Ideal auch als Pausenbrot oder für unterwegs.

# FAGOTTINI CON POMODORINI SECCHI E OLIVE

## Röllchen mit sonnengetrockneten Tomaten und Oliven

**Ergibt 6 Stück**

**7 g Frischhefe**
**150 ml lauwarmes Wasser**
**150 g Weizenmehl Type 550, plus mehr zum Arbeiten**
**125 g Polenta**
**1 TL Salz**
**80 g sonnengetrocknete Tomaten, grob gehackt**
**6 entsteinte grüne Oliven, grob gehackt**
**natives Olivenöl extra zum Bestreichen**

Ein Backblech mit Backpapier auslegen.

Die Hefe im lauwarmen Wasser auflösen. Mehl, Polenta und Salz in einer großen Schüssel vermengen, die Hefemischung zugießen und alles zu einem Teig vermengen. 10 Minuten kneten, dann zu einer Kugel formen, mit Frischhaltefolie abdecken und an einem warmen Ort 2 Stunden gehen lassen, bis sich das Volumen verdoppelt hat.

Den Teig in sechs Stücke (à 80 g) aufteilen. Jedes Stück auf einer leicht bemehlten Arbeitsfläche zu einem Oval ausrollen. Tomaten und Oliven in der Mitte platzieren und entlang der kurzen Seite aufrollen. Mit dem Saum nach unten auf das vorbereitete Backblech legen, mit einem sauberen Geschirrtuch abdecken und an einem warmen Ort nochmals 1 Stunde gehen lassen.

Den Backofen auf 180 °C (Umluft) vorheizen.

Die Röllchen 20 Minuten im Ofen backen, dann mit etwas Olivenöl bestreichen und weitere 10 Minuten backen, bis sie leicht goldbraun sind. Kurz abkühlen lassen und noch warm essen. Sie schmecken aber auch kalt köstlich.

# PAN DOLCI

Wenn ich an *pan dolci* denke, läuft mir das Wasser im Mund zusammen. Ich liebe den Duft, die Konsistenz und den Geschmack von Feingebäck wie *brioche*, *panettone* und *danubio* – da sie nicht so süß sind, schmecken sie eigentlich zu jeder Tageszeit und Gelegenheit.

Bei *pan dolci* handelt es sich um süßes Hefegebäck, das mit Eiern, Butter und anderen Zutaten angereichert wurde. Der Teig ist von einer feineren Konsistenz als Brot, daher sollte man eine längere Knet- und Gehzeit einberechnen. Da *pan dolci* oft mit Zucker zubereitet werden und dieser die Gärleistung der Hefe hemmt, wird der Teig für gewöhnlich mit mehr Hefe angesetzt. Für die Zubereitung der meisten *pan dolci* sollte man großzügig Zeit einplanen, aber das Warten lohnt sich. Es gibt nichts Schöneres als ein Blech voll warmer Brioches frisch aus dem Ofen – Duft, Aussehen und Geschmack sind die Mühe allemal wert. Um sich etwas Arbeit zu sparen, empfehle ich die Verwendung einer Küchenmaschine.

*Pan dolci* sind in ganz Italien beliebt, doch es gibt etliche regionale Spielarten. Viele werden nur zu bestimmten Anlässen gebacken, wie die beliebten *panettone* und *pandoro* an Weihnachten und die *colomba* zu Ostern. Diese saisonalen Köstlichkeiten werden heutzutage alle industriell hergestellt und nicht nur in Italien, sondern in aller Welt verkauft. In Bäckereien und Konditoreien in Italien gibt es allerdings auch hausgemachte *pan dolci* zu kaufen, die für gewöhnlich von einer deutlich höheren Qualität sind als die Massenware. Genau wie Brot gehören *pan dolci* zur italienischen Backtradition; und die meisten Rezepte stammen auch hier ursprünglich aus der *cucina povera* (Arme-Leute-Küche) – Brotteigreste wurden verwertet, indem man sie mit etwas Zucker oder Honig anreicherte und weiterverarbeitete. Offensichtlich entstand so auch der *panettone* zum Weihnachtsfest: Ärmere Familien versetzten ihren Brotteig mit Trockenfrüchten, um sich zum Fest etwas Besonderes zu gönnen.

Dieses Hefegebäck schmeckt wundervoll – besonders köstlich ist es allerdings getoastet und mit Marmelade bestrichen. Traditionell wird es mit Schmalz zubereitet; in dieser leichteren Version habe ich stattdessen Butter verwendet. In der Toskana tunkt man das Gebäck gerne in Vin Santo oder Kaffee.

# PAN DOLCE TOSCANO

## Toskanisches Hefegebäck

Für 6–8 Personen

Für den Teig:
12 g Frischhefe
150 ml lauwarmes Wasser
350 g Weizenmehl Type 405
2 Bio-Eigelb
75 g Zucker
50 g weiche Butter, plus mehr für die Form
Abrieb von 1 Bio-Orange
Abrieb von 1 Bio-Zitrone
1 Prise gemahlener Zimt
1 Prise Salz
Puderzucker zum Bestäuben

Eine runde Kuchenform (20 cm ø) einfetten und mit Backpapier auslegen.

Die Hefe im lauwarmen Wasser auflösen. 250 g Mehl auf eine Arbeitsfläche sieben, die Hefemischung zugießen und den Teig 10 Minuten kneten. Zu einer Kugel formen, mit Frischhaltefolie abdecken und an einem warmen Ort 1 Stunde gehen lassen, bis sich sein Volumen verdoppelt hat.

Inzwischen Eigelbe, Zucker und Butter in einer Schüssel schaumig schlagen. Zitrusabrieb, Zimt und Salz zugeben.

Den Teig auf der Arbeitsfläche mit den Händen flach drücken und schrittweise die Eimischung einarbeiten. Nach und nach das restliche Mehl zugeben und zu einem glatten Teig verkneten. In die Kuchenform füllen, mit einem sauberen Geschirrtuch abdecken und an einem warmen Ort 1 Stunde gehen lassen.

Den Backofen auf 170 °C (Umluft) vorheizen.

30 Minuten im Ofen goldbraun backen. Dann herausnehmen, abkühlen lassen, aus der Form stürzen und vor dem Servieren mit Puderzucker bestäuben.

Mit seiner Vielfalt an Farben und Aromen wird dieser Hefezopf Eindruck bei den Kaffeegästen machen.

# TRECCIA COLORATA

Hefezopf

Für 12–15 Personen

25 g Frischhefe
100 ml lauwarmes Wasser
500 g Weizenmehl Type 550
1 ½ TL Salz
2 EL Zucker
3 Bio-Eier, verquirlt
70 g Butter, zerlassen und abgekühlt
30 g Kakaopulver
30 g dunkle Chocolate Chips
Abrieb von 1 Bio-Orange
2 EL Orangenlikör (nach Belieben)
40 g Walnusskerne, grob gehackt
2 Prisen Safranpulver, in 2 TL Milch aufgelöst
40 g Sultaninen, in Rum eingeweicht
Puderzucker zum Bestäuben (nach Belieben)

Ein Backblech mit Backpapier auslegen.

Die Hefe im lauwarmen Wasser auflösen. Mehl, Salz und Zucker in einer großen Schüssel vermengen. In die Mitte eine Mulde drücken, Hefemischung, Eier und Butter hineingeben und 5 Minuten kneten. Den Teig mit Frischhaltefolie abdecken und an einem warmen Ort 1 Stunde gehen lassen, bis sich sein Volumen verdoppelt hat.

Den Teig in drei gleiche Stücke à 275 g teilen. In eines nach und nach Kakaopulver, Chocolate Chips, Orangenabrieb und nach Belieben Orangenlikör gut einarbeiten, dann zu einer langen Rolle (45 cm) formen und beiseitestellen.

Das zweite Teigstück mit Walnüssen und Safranmischung verkneten und ebenso zu einer Rolle formen.

Das dritte Teigstück mit den Sultaninen versetzen. Nach Belieben den Rum nach und nach zugießen und auch diesen Teig zu einer Rolle formen.

Die drei Stränge zu einem Zopf flechten, auf das vorbereitete Backblech legen und an einem warmen Ort 1 Stunde abgedeckt gehen lassen, bis sich sein Volumen verdoppelt hat.

Den Backofen auf 180 °C (Umluft) vorheizen.

Den Hefezopf 25 Minuten im Ofen backen. Dann herausnehmen, abkühlen lassen und nach Belieben mit Puderzucker bestäuben.

Dieses *pan dolce* wird in der toskanischen Stadt Lucca gerne gebacken und verkauft. Schon die alten Römer kannten es – der Name leitet sich vom lateinischen »buccellatum« ab und bedeutet »Happen«. Im Laufe der Zeit wurde das Rezept mit Korinthen und Anis verfeinert. Es ist vor allem während der Festivals im September beliebt. Ich war angenehm überrascht, als ich den Kuchen zum ersten Mal machte: Er ist nicht zu süß, hat ein leichtes Anisaroma und jede Menge Korinthen, deren Geschmack ich liebe – die ideale Ergänzung zum Kaffee, egal zu welcher Tageszeit.

# BUCCELLATO DI LUCCA

## Napfkuchen mit Anis und Korinthen

Für 8 Personen

150 g Korinthen
4 TL Anislikör (z. B. Sambuca)
25 g Frischhefe
1 TL flüssiger Honig
160 ml lauwarmes Wasser
480 g Weizenmehl Type 550, gesiebt, plus mehr zum Arbeiten
150 g Zucker
15 g Anissamen
1 Bio-Ei
30 g Butter, zerlassen, plus mehr für die Form
Eistreich (siehe S. 13)

Eine Ringform (24 cm ø) einfetten und mit Backpapier auslegen. Korinthen im Anislikör einlegen und so viel Wasser zugeben, dass sie bedeckt sind. Beiseitestellen.

Hefe und Honig im lauwarmen Wasser auflösen. Mehl, Zucker und Anissamen in einer großen Schüssel vermengen. Ei, Butter, abgeseihte Korinthen und die Hefemischung zugeben und 2 Minuten kneten. Den Teig zu einer Kugel formen, mit Frischhaltefolie abdecken und an einem warmen Ort 2 Stunden gehen lassen, bis sich sein Volumen verdoppelt hat.

Den Teig auf eine leicht bemehlte Arbeitsfläche geben und mit den Händen zu einer langen Rolle formen, sodass sie in die Backform passt. Abdecken und an einem warmen Ort 1 ½ Stunden gehen lassen.

Den Backofen auf 160 °C (Umluft) vorheizen.

Den Kuchen mit Eistreich bepinseln und 50 Minuten im Ofen goldbraun backen. Dann herausnehmen, abkühlen lassen, stürzen und in Scheiben schneiden.

Meine Familie und ich, wir lieben *pandoro*, die italienische Variante des Weihnachtskuchens. Im Gegensatz zu *panettone* (siehe S. 145) enthält dieses Gebäck keine Trockenfrüchte, und aus genau diesem Grund wird ihm oft der Vorzug gegeben – meine Tochter Chloe würde jeden Tag *pandoro* essen, wenn sie könnte! Das Backen ist zeitaufwendig; am besten, man beginnt schon am Vortag, damit der Teig über Nacht im Kühlschrank ruhen und trotzdem vor und nach der Ruhezeit noch gehen kann. Der Kuchen lohnt die Mühe in jedem Fall: Er ist weniger süß als die industriell gefertigten Varianten. Allerdings trocknet er schnell aus, deshalb sollte man ihn innerhalb weniger Tage verzehren – was bei uns zu Hause jedenfalls keinerlei Problem darstellt!

# PANDORO

Für 10 Personen

20 g Frischhefe
100 ml lauwarme Milch
125 g Zucker
1 Bio-Eigelb
480 g Weizenmehl Type 405, gesiebt, plus mehr zum Arbeiten
3 Bio-Eier
170 g weiche Butter, gewürfelt, plus mehr für die Schüssel
Mark von 1 Vanilleschote, alternativ ½ TL gemahlene Vanille
1 TL Salz
20 g Butter, zerlassen
Puderzucker zum Bestäuben

15 g Frischhefe in 60 ml lauwarmer Milch auflösen. 25 g Zucker und das Eigelb einrühren, dann 50 g Mehl gut einarbeiten. Den Teig mit Frischhaltefolie abdecken und 1 Stunde ruhen lassen, bis sich sein Volumen verdoppelt hat.

5 g Hefe in 40 ml Milch auflösen und mit 100 g Zucker und 1 Ei zu der Mischung geben. 200 g Mehl und 30 g Butter einarbeiten. Erneut mit Frischhaltefolie abdecken und 1 Stunde gehen lassen, bis sich sein Volumen verdoppelt hat.

230 g Mehl, 2 Eier, Vanille und Salz unter die Mischung kneten. Eine große Schüssel leicht einfetten und den klebrigen Teig hineingeben. Mit Frischhaltefolie abdecken und an einem warmen Ort erneut 1 Stunde gehen lassen, bis sich sein Volumen verdoppelt hat, dann über Nacht in den Kühlschrank stellen (12–15 Stunden).

Den Teig auf einer leicht bemehlten Arbeitsfläche mit dem Nudelholz zu einem Quadrat ausrollen. 140 g Butterwürfel in der Mitte verteilen und die vier Ecken Richtung Mitte falten. Gut verschließen, mit den Händen flach drücken und zu einem Rechteck ausrollen. Dreimal der Länge nach falten, auf eine Platte oder ein Brett legen, mit Frischhaltefolie abdecken und 20 Minuten in den Kühlschrank stellen.

Den Teig wieder dreimal falten, dann behutsam flach drücken und erneut 15 Minuten kühl stellen. Vorgang wiederholen und weitere 15 Minuten in den Kühlschrank stellen.

Nun den Teig auf einer leicht bemehlten Arbeitsfläche wieder zu einem Quadrat ausrollen. Die vier Ecken erneut zur Mitte hin falten, dann zu einer Kugel formen. Etwas zerlassene Butter auf der Teigkugel verteilen. Mit der restlichen flüssigen Butter eine sternförmige *pandoro*-Form mit acht Zacken (750 g; online erhältlich) einfetten. Den Teig hineinlegen, mit Frischhaltefolie abdecken und an einem warmen Ort nochmals 4 Stunden gehen lassen, bis das Volumen des Teigs die Oberkante der Kuchenform erreicht hat.

Den Backofen auf 150 °C (Umluft) vorheizen.

Den *pandoro* auf unterster Schiene 15 Minuten im Ofen backen, dann die Temperatur auf 130 °C (Umluft) reduzieren, die Form mit Alufolie abdecken und weitere 40 Minuten backen. Mit einem Holzstäbchen die Garprobe machen; bleibt noch feuchter Teig daran haften, etwas länger backen.

Herausnehmen, abkühlen lassen und auf eine flache Platte stürzen. Sobald der *pandoro* vollständig abgekühlt ist, mit Puderzucker bestäuben und servieren.

Der traditionelle italienische Weihnachtskuchen *panettone* schmeckt zwar köstlich, aber ihn zu Hause selbst herzustellen, dauert lange. Deshalb stelle ich hier diese schnellere Mini-Variante vor, die heutzutage auch oft in Coffeeshops angeboten wird – wo sie allerdings meist nicht so gut schmeckt. Da das Gebäck mit Trockenhefe zubereitet wird und nur einmal gehen muss, kann man es schnell herstellen. Außerdem ist es nicht zu süß und damit die perfekte Ergänzung zum Frühstücks-Cappuccino.

# PANETTONCINI VELOCI

Schnelle Mini-*panettone*

Ergibt 10 Mini-*panettone*

500 g Weizenmehl Type 550
1 Prise Salz
2 Pck. Trockenhefe (à 7 g)
Mark von 1 Vanilleschote, alternativ ½ TL gemahlene Vanille
100 g Zucker
3 Bio-Eier, verquirlt
150 ml Milch
120 g Butter, zerlassen und abgekühlt, plus mehr für die Förmchen
100 g Ricotta, abgeseiht
70 g Trockenfrüchtemischung
70 g Pinienkerne
Abrieb von 1 Bio-Orange
Abrieb von 1 Bio-Zitrone

10 Mini-*panettone*-Förmchen einfetten und mit Backpapier auslegen.

Mehl, Salz, Hefe, Vanille und Zucker in einer großen Schüssel vermengen. In die Mitte eine Mulde drücken und Eier sowie Milch einrühren, dann die Butter zufügen. In einer weiteren Schüssel Ricotta, Trockenfrüchte, Pinienkerne und den Abrieb der Zitrusfrüchte mischen. Zu den restlichen Zutaten geben und alles gut durchkneten. Die Konsistenz scheint etwas klebrig, aber das ist richtig so, keine Sorge. Den Teig mit einem sauberen Geschirrtuch abdecken und an einem warmen Ort 1 ½ Stunden gehen lassen, bis sich sein Volumen verdoppelt hat.

Den Backofen auf 190 °C (Umluft) vorheizen.

Die Mischung auf die Förmchen verteilen und 25 Minuten im Ofen goldbraun backen. Dann herausnehmen, abkühlen lassen, aus den Förmchen stürzen und genießen.

Es gibt viele Varianten von *pan dolce* mit Trockenfrüchten in den unterschiedlichen Regionen Italiens – diese hier ist meine. Die Zubereitung dauert etwas länger, aber es lohnt sich. Der Mix aus tropischen Früchten bildet einen guten Kontrast und verleiht dem Gebäck einen äußerst angenehmen Geschmack. Ich drehe den Teig spiralförmig ein, als Abwechslung zur klassischen Ringform vieler *pan dolci*. Der Duft aus dem Ofen ist unwiderstehlich – trotzdem sollte der Kuchen abkühlen, bevor er serviert wird.

# PAN DOLCE ALLA FRUTTA SECCA ESOTICA MISTA

## Früchtebrot mit tropischem Trockenfrüchtemix

**Für 10 Personen**

**20 g Frischhefe**
**100 ml lauwarme Milch**
**600 g Weizenmehl Type 550, plus mehr zum Arbeiten**
**250 g tropischer Trockenfrüchtemix**
**100 ml Vin Santo oder anderer Dessertwein**
**1 ½ TL Salz**
**130 g Zucker**
**Abrieb von 1 Bio-Zitrone**
**3 Bio-Eier**
**100 g Butter, zerlassen und leicht abgekühlt, plus mehr für die Form**

Eine runde Kuchenform (24 cm ø) einfetten und mit Backpapier auslegen.

Die Hefe in 70 ml lauwarmer Milch auflösen. 100 g Mehl in eine große Schüssel füllen, die Hefemischung zugießen und verkneten. Den Teig zu einer Kugel formen, mit Frischhaltefolie abdecken und an einem warmen Ort 1 ½ Stunden gehen lassen, bis sich sein Volumen verdoppelt hat.

Die Trockenfrüchte in eine kleine Schüssel geben, Vin Santo zugießen und einweichen.

Restliches Mehl, Salz, Zucker, Zitronenabrieb, Eier, Butter und restliche Milch mit dem Teig vermengen. Anfangs ist die Mischung klebrig und muss eine Weile geknetet werden – auf einer leicht bemehlten Arbeitsfläche fällt dies leichter. Den Teig zurück in die Schüssel geben, mit einem sauberen Geschirrtuch abdecken und an einem warmen Ort 2 Stunden gehen lassen, bis sich sein Volumen verdoppelt hat.

Den Teig auf einer leicht bemehlten Arbeitsfläche zu einem etwa 5 mm dicken Rechteck ausrollen. Die Trockenfrüchte abseihen und darauf verteilen, dann den Teig zusammenrollen und mit den Fingern leicht andrücken, damit die Trockenfrüchte nicht herausfallen. Die Rolle zu einer Spirale eindrehen und vorsichtig in die vorbereitete Kuchenform heben. Mit einem sauberen Geschirrtuch abdecken und an einem warmen Ort nochmals 1 Stunde gehen lassen.

Den Backofen auf 190 °C (Umluft) vorheizen.

Das Früchtebrot 1 Stunde im Ofen backen. Falls die Oberseite zu schnell bräunt, den Kuchen mit Alufolie abdecken. Aus dem Backofen nehmen und abkühlen lassen, dann aus der Form stürzen, in Scheiben schneiden und genießen!

Joghurt und Olivenöl verleihen diesem Brioche-Laib eine herrlich leichte Konsistenz. Ein ideales Frühstück, entweder pur oder getoastet und – besonders lecker – mit Nussnugatcreme. Da er keine Butter und nur wenig Zucker enthält, ist er eine gesunde Alternative und um so vieles schmackhafter als die gekaufte (und meiner Meinung nach zu süße) Variante. Der Teig kann auch mit der Hand angerührt werden, aber er ist etwas klebrig – keine Sorge, das ist normal. Wenn man eine Küchenmaschine zu Hilfe nimmt, ist die Arbeit in Nullkommanichts erledigt.

# PAN BRIOCHE

## Brioche-Laib

Für 4–6 Personen

22 g Frischhefe
100 ml lauwarme Milch, plus mehr zum Bestreichen
450 g Weizenmehl Type 550, plus mehr zum Arbeiten
1 Prise Salz
40 g Zucker
120 g Bio-Naturjoghurt
60 ml Olivenöl, plus bei Bedarf mehr für die Form
2 Bio-Eier
1 TL flüssiger Honig
1 TL Vanilleextrakt
Hagelzucker zum Bestreuen

Da ich eine Silikonform (900 g) verwende, muss ich die Kuchenform nicht vorbereiten; andere Kastenformen sollte man mit etwas Öl einfetten.

Die Hefe in der lauwarmen Milch auflösen. Mehl, Salz und Zucker in einer großen Schüssel vermengen. Joghurt, Olivenöl, Eier, Honig, Vanille und die Hefemischung zugeben und alles zu einem Teig verarbeiten. An einem warmen Ort abgedeckt 4 Stunden gehen lassen.

Den Teig auf eine leicht bemehlte Arbeitsfläche geben, nochmals durchkneten und in die vorbereitete Backform legen. An einem warmen Ort 1 Stunde gehen lassen, bis sich sein Volumen verdoppelt hat.

Den Backofen auf 170 °C (Umluft) vorheizen.

Brioche mit Milch bepinseln und mit Hagelzucker bestreuen, dann 30 Minuten im Ofen backen, bis der Teig aufgegangen und goldbraun ist. Herausnehmen, abkühlen lassen, aus der Form stürzen und in Scheiben schneiden.

Diese Brioche ist in Neapel sehr beliebt. Das Rezept stammt aus Österreich und kam in den 1920er-Jahren in einer neapolitanischen Konditorei zum Einsatz, da der Besitzer eine Frau aus der Salzburger Region geheiratet hatte. Ursprünglich war das Gebäck unter dem Namen »Buchteln« bekannt und mit Aprikosenmarmelade gefüllt. Die Italiener tauften es um in *danubio*. Meine Variante ist mit Vanillecreme gefüllt, die aber durch Marmelade oder Schokolade ersetzt werden kann. Auf S. 50 stelle ich eine pikante Variante vor.

# DANUBIO DOLCE CON CREMA PASTICCIERA

Süße Brioche mit Vanillecreme

**Für 4–6 Personen**

**Für die Brioche:**
**6 g Frischhefe**
**115 ml lauwarme Milch**
**300 g Weizenmehl Type 550, plus mehr zum Arbeiten**
**1 TL Salz**
**15 g Zucker**
**Mark von ½ Vanilleschote**
**Abrieb von 1 Bio-Zitrone**
**1 Bio-Ei, verquirlt**
**25 g Butter, zerlassen und leicht abgekühlt, plus mehr für die Form**
**Eistreich (siehe S. 13)**

**Für die Vanillecreme:**
**100 ml Milch**
**25 g Crème double**
**1 Stück Bio-Zitronenschale**
**½ Vanilleschote (Rest von der Vanilleschote oben verwenden)**
**2 Bio-Eigelb**
**5 TL Zucker**
**12 g Speisestärke**

Eine runde Backform (20 cm ø) leicht einfetten und mit Backpapier auslegen.

Die Hefe in der lauwarmen Milch auflösen. Mehl, Salz, Zucker, Vanillemark und Zitronenabrieb in einer großen Schüssel vermengen. Die Hefemischung zugießen und gut vermischen. Ei und Butter zugeben, zu einem glatten Teig verarbeiten und auf einer bemehlten Arbeitsfläche 10 Minuten kneten. Abdecken und an einem warmen Ort 2 Stunden gehen lassen.

Inzwischen für die Vanillecreme Milch, Crème double, Zitronenschale und Vanilleschote in einem kleinen Topf bei niedriger Temperatur 5 Minuten ziehen lassen. Gelegentlich umrühren.

Eigelbe und Zucker in einer Schüssel schaumig schlagen, die Speisestärke zugeben und gut vermengen. Topf vom Herd nehmen und die Eimischung einrühren. Wieder bei niedriger Temperatur erhitzen. Kontinuierlich rühren, bis die Masse eine dicke, cremige Konsistenz hat. In eine Schüssel gießen, mit Frischhaltefolie abdecken und abkühlen lassen.

Den Teig in 15 Stücke à 30 g teilen, zu Kugeln formen und mit einem Nudelholz zu Kreisen flach drücken. Jeweils 1 TL der Vanillecreme in die Mitte geben, die Ränder zusammendrücken, gut verschließen und wieder kleine Kugeln daraus formen. In die vorbereitete Backform geben, mit Frischhaltefolie abdecken und 1 Stunde gehen lassen.

Den Backofen auf 160 °C (Umluft) vorheizen.

Die Brioche mit Eistreich bepinseln und 20 Minuten im Ofen goldbraun backen. Herausnehmen, leicht abkühlen lassen und verteilen.

*Col tuppo* bedeutet auf Sizilianisch »die Haare zu einem Knoten hochstecken«, und tatsächlich erinnert die Form der Brioches an diese traditionelle Frisur. Die Brioches werden in ganz Sizilien in Cafés und Konditoreien serviert. Gefüllt mit Mandel-Granita oder Eiscreme sind sie ein köstliches sommerliches Frühstück. Sie schmecken aber auch einfach so, mit einem Kaffee. Am besten verzehrt man sie noch am selben Tag. Wer das nicht schafft, sollte sie zur Aufbewahrung in Frischhaltefolie wickeln. Die Gehzeiten sind relativ lang, doch das Warten lohnt sich! Wer eine Küchenmaschine hat, sollte sie einsetzen – damit lässt sich die Butter deutlich leichter einarbeiten.

# BRIOCHE COL TUPPO

Sizilianische Brioches

**Ergibt 6 Stück**

**7 g Frischhefe**
**2 EL lauwarme Milch**
**250 g Weizenmehl Type 550, gesiebt, plus mehr zum Arbeiten**
**40 g Zucker**
**1 TL Salz**
**3 Bio-Eier**
**170 g weiche Butter, gewürfelt**
**Eistreich (siehe S. 13)**
**Eiscreme von guter Qualität zum Servieren (nach Belieben)**

Ein flaches Backblech mit Backpapier auslegen.

Die Hefe in der lauwarmen Milch auflösen. Mehl, Zucker und Salz in einer großen Schüssel oder mithilfe einer Küchenmaschine vermengen. Hefemischung und Eier nach und nach zugeben. Stückchenweise Butter zufügen und gut einarbeiten, sonst bleiben zu große Stücke im Teig. Das dauert eine ganze Weile, vor allem, wenn man mit den Händen arbeitet.

Wurde der Teig mit der Küchenmaschine geknetet, diesen nun in eine große Schüssel umfüllen und mit Frischhaltefolie abdecken. An einem warmen Ort 4 Stunden gehen lassen, bis sich das Volumen verdreifacht hat. Anschließend mindestens 12 Stunden, aber nicht länger als 18 Stunden in den Kühlschrank stellen – am besten über Nacht.

Den Teig auf einer leicht bemehlten Arbeitsfläche mit den Händen zu einer langen Rolle formen. In sechs gleich große Stücke teilen. Von jeder Portion ein kleines Stück abzweigen und jeweils beide Stücke zu Kugeln formen. Das größere Stück flach pressen und in die Mitte eine Mulde drücken, dann die kleinere Kugel hineinsetzen. Die Brioches auf das vorbereitete Backblech legen, mit Eistreich bepinseln und an einem warmen Ort 2 Stunden gehen lassen.

Den Backofen auf 160 °C (Umluft) vorheizen.

Die Brioches 25 Minuten im Ofen backen. Herausnehmen und zum Abkühlen auf ein Kuchengitter setzen. Nach Belieben behutsam den Deckel lösen, mit Eiscreme füllen und genießen!

Brot in Taubenform gab es bereits bei den alten Griechen und Ägyptern – schon immer galt die Taube als Symbol des Friedens. Viele Mythen ranken sich um den Ursprung dieses Gebäcks; sicher ist, dass die *colomba* erstmals in den 1930er-Jahren von einem mailändischen Betrieb industriell hergestellt wurde: von Motta, dem Produzenten des berühmten *panettone* (siehe S. 145). Um ein ähnliches Gebäck für das Osterfest zu kreieren, erfand man diese Version in Taubenform, die heute längst ein Muss auf jeder italienischen Ostertafel ist. Das Feingebäck kann mittlerweile zu jeder Jahreszeit genossen werden, und die Taubenform ist online erhältlich. Da es nicht zu süß ist, schmeckt es auch zum Frühstück. Am köstlichsten ist es frisch aus dem Ofen – die Reste können aber auch in Folie gewickelt und aufbewahrt werden. Die industriell gefertigten *colombas* halten länger, schmecken aber nicht so gut wie diese hausgemachte Version.

# COLOMBA

## Ostertaube

**Ergibt 1 Kuchen/ Für 12 Personen**

**Für den Vorteig:**
**10 g Frischhefe**
**120 ml lauwarme Milch**
**95 g Weizenmehl Type 405**

**Für den Kuchen:**
**13 g Frischhefe**
**75 g Zucker**
**2 Bio-Eier**
**1 Bio-Eigelb**
**1 TL Vanilleextrakt**
**110 g weiche Butter, plus mehr für die Schüssel**
**250 g Weizenmehl Type 405, gesiebt, plus mehr zum Arbeiten**
**½ TL Salz**
**Abrieb von 1 Bio-Zitrone**
**Abrieb von 1 Bio-Orange**
**130 g Zitronat und/oder Orangeat**

**Für den Belag:**
**30 g gemahlene Mandeln**
**50 g Zucker**
**1 Bio-Eiweiß**
**½ EL Speisestärke**

Zunächst für den Vorteig die Hefe in der lauwarmen Milch auflösen. Mehl in eine große Schüssel sieben, Hefemischung zugießen und mit einem Holzlöffel gut verrühren. Mit Frischhaltefolie abdecken und bei Zimmertemperatur 12 Stunden oder über Nacht gehen lassen.

Am folgenden Tag für den Kuchen Hefe und 1 TL Zucker in einer kleinen Schüssel zu einer Paste vermengen. Eier, Eigelb und restlichen Zucker in einer großen Schüssel schaumig schlagen. Hefemischung, Vanilleextrakt, Vorteig und Butter zufügen und mit einem Holzlöffel oder -spatel vorsichtig vermengen. Mehl und Salz einarbeiten. Auf einer leicht bemehlten Arbeitsfläche 10 Minuten mit den Händen kneten. Zitrusabrieb, Zitronat und/oder Orangeat zufügen und 1 Minute einarbeiten. Den Teig in eine leicht gebutterte Schüssel geben, mit Frischhaltefolie abdecken und an einem warmen Ort 2 Stunden gehen lassen, bis sich sein Volumen verdoppelt hat.

Den Teig vorsichtig in eine Silikon-Taubenbackform (1 kg) füllen, mit Frischhaltefolie abdecken und an einem warmen Ort nochmals 1 Stunde gehen lassen.

Inzwischen für den Belag alle Zutaten in einer großen Schüssel zu einer glatten Paste vermengen. Beiseitestellen.

Den Backofen auf 180 °C (Umluft) vorheizen.

Die Paste gleichmäßig auf die Oberfläche der Taube streichen, die ganzen Mandeln darauf verteilen und etwas Puderzucker darübersieben.

**Zum Garnieren:**
**30 g ganze Mandeln**
**Puderzucker**

Die Form auf einen Gitterrost stellen und 15 Minuten im Ofen backen. Dann die Temperatur auf 160 °C reduzieren, die Taube mit Alufolie abdecken und weitere 15 Minuten backen.

Aus dem Backofen nehmen, abkühlen lassen, die Taube vorsichtig aus der Form stürzen und servieren.

Dieses Teebrot mit Mandeln sollte eigentlich in einer Ringform gebacken werden. Als wir beim Testen des Rezepts feststellten, dass wir nicht genug Teig haben, wandelten wir sie kurzerhand in ein Hufeisen ab, was tatsächlich sehr hübsch aussieht. Die Füllung aus Ricotta verleiht dem Gebäck eine feuchtere Konsistenz, und der Kakao sorgt für einen starken Farbakzent – eine wunderbare Beigabe zum Tee.

# PAN DOLCE MANDORLATO A FORMA DI ZOCCOLO DI CAVALLO

## Mandel-Hufeisen

**Für 6–8 Personen**

**Für den Teig:**
**12 g Frischhefe**
**125 ml lauwarme Milch**
**400 g Weizenmehl Type 550, plus mehr zum Arbeiten**
**1 TL Salz**
**70 g Zucker**
**1 TL Vanilleextrakt**
**Abrieb von 1 großen Bio-Orange**
**1 Bio-Ei**
**1 Bio-Eigelb**
**50 g Butter, zerlassen**

**Für die Füllung:**
**100 g Ricotta**
**40 g Zucker**
**50 g Kakaopulver**
**100 g Amarettikekse, zerbröselt**
**100 g Mandelblättchen, grob gehackt, plus mehr zum Bestreuen**
**1 Bio-Ei**
**1 EL Marsala**
**Eistreich (siehe S. 13)**

Ein Backblech mit Backpapier auslegen.

Die Hefe in der lauwarmen Milch auflösen. Mehl, Salz und Zucker in einer großen Schüssel vermengen. Die übrigen Zutaten sowie die Hefemischung zugeben und 5 Minuten zu einem glatten Teig verarbeiten. Zu einer Kugel formen, in Frischhaltefolie wickeln und an einem warmen Ort 1 Stunde gehen lassen, bis sich das Volumen verdoppelt hat.

Inzwischen für die Füllung Ricotta und Zucker in einer Schüssel zu einer cremigen Masse verrühren. Kakaopulver einarbeiten, dann Amarettikekse, Mandeln, Ei und Marsala zugeben. Mit Frischhaltefolie abdecken und 30 Minuten in den Kühlschrank stellen, nach Belieben auch länger.

Den Teig auf einer leicht bemehlten Arbeitsfläche zu einem Rechteck ausrollen (45 cm x 30 cm), bzw. so dünn wie möglich. Die Füllung auf dem Teig verteilen, dabei einen Rand von 4 cm freilassen. Von der Längsseite her vorsichtig einrollen und die Ränder mit etwas Wasser gut versiegeln. Zu einem Hufeisen formen und mit einem scharfen Messer entlang der Seiten kleine Einkerbungen machen. Auf das vorbereitete Backblech legen und an einem warmen Ort 30 Minuten gehen lassen.

Den Backofen auf 180 °C (Umluft) vorheizen.

Den Teig mit Eistreich bepinseln, mit Mandelblättchen bestreuen und 30 Minuten im Ofen rundum goldbraun backen. Das Gebäck mit Alufolie abdecken, falls die Oberseite zu schnell bräunt. Vor dem Servieren abkühlen lassen.

*Buondì* bedeutet »Guten Tag« – ein fantastischer Name für das italienische Äquivalent des morgendlichen Croissants! In meiner Jugend servierte sie jedes Café in Italien zum Frühstück. Heutzutage kann man industriell hergestellte *buondì* kaufen, aber der Geschmack von hausgemachten ist unvergleichlich. Es ist nicht schwer, sie selbst zu machen, allerdings haben sie eine lange Gehzeit, man sollte deshalb schon einen Tag vorher mit den Vorbereitungen anfangen. Und wer sie zum Frühstück frisch aus dem Ofen servieren will, muss früh aufstehen!

# BUONDÌ

## Italienische Croissants

Ergibt 20 Stück

Für den Vorteig:
10 g Frischhefe
55 ml lauwarmes Wasser
100 g Weizenmehl Type 550

Für den Teig:
100 g Zucker
2 TL flüssiger Honig
5 EL Milch
8 Bio-Eigelb
400 g Weizenmehl Type 550
200 g weiche Butter
Abrieb von 1 Bio-Zitrone
Abrieb von 1 Bio-Orange
2 Tropfen Orangenblütenwasser
Mark von 1 Vanilleschote,
alternativ ½ TL gemahlene Vanille
1 ½ TL Salz

Zum Garnieren:
150 g Zucker
Hagelzucker zum Bestreuen

Für den Vorteig die Hefe im lauwarmen Wasser auflösen. Mehl in eine Schüssel sieben, die Hefemischung zugießen und zu einem glatten Teig verarbeiten. Zu einer Kugel formen, mit Frischhaltefolie abdecken und an einem warmen Ort 1 Stunde gehen lassen.

Zucker, Honig und Milch in einer großen Schüssel vermengen. In einer weiteren Schüssel die Eigelbe schaumig schlagen, dann nach und nach zu der Zuckermischung geben, abwechselnd mit dem Mehl, bis alles gut eingearbeitet ist. Butter zugeben, Zitrusabrieb, Orangenblütenwasser,

Vanille, Salz und Vorteig zufügen und von Hand 10 Minuten kneten. Mit Frischhaltefolie abdecken und an einem warmen Ort 2 Stunden gehen lassen. Danach 12 Stunden oder über Nacht in den Kühlschrank stellen.

Am nächsten Tag den Teig in 20 Stücke à 50 g teilen, zu kleinen, dicken Strängen rollen (7 cm x 4,5 cm) und in einzelne kleine Kastenförmchen geben. An einem warmen Ort 4 Stunden gehen lassen.

Den Backofen auf 160 °C (Umluft) vorheizen.

Die *buondi* 15 Minuten im Ofen goldbraun backen, dann herausnehmen und abkühlen lassen.

Inzwischen 100 ml Wasser und den Zucker in einem kleinen Topf zum Kochen bringen und 1 Minute köcheln lassen, bis sich der Zucker aufgelöst hat. Vom Herd nehmen und den Sirup leicht abkühlen lassen.

Die *buondi* aus den Formen lösen und auf ein Kuchengitter legen. Mit dem abgekühlten Sirup bestreichen und mit Hagelzucker bestreuen.

# CROSTATE

*Crostate* wecken bei vielen Italienern – ich gehöre auch dazu – glückliche Kindheitserinnerungen. Die traditionellerweise von der *mamma* oder *nonna* selbst gebackenen Tartes wurden mit hausgemachter Marmelade bestrichen, mit einem Gittermuster aus Teigstreifen verziert und zum Tee oder Kaffee serviert.

Im Allgemeinen bildet *pasta frolla* (Mürbteig) die Basis der meisten Tartes, die Grundzutaten sind Mehl, Butter, Zucker und Eigelb. In Italien hat sich im Laufe der Jahre das Repertoire an Teigsorten weiterentwickelt; heute wird für viele Desserts auch Blätterteig oder Filoteig verwendet. Für gewöhnlich stelle ich meinen Teig selbst her; allerdings gibt es auch Ausnahmen, wie bei Filo, dessen Herstellung ziemlich aufwendig ist. Mittlerweile experimentiert man in Italien mit unterschiedlichen Getreidesorten, daher ist Gebäck aus Buchweizen, Dinkel oder Reismehl heute keine Seltenheit mehr.

*Pasta frolla* ist erstaunlich einfach zu machen, und eine Küchenmaschine erleichtert die Arbeit noch. Der fertige Teig wird fest in Frischhaltefolie gewickelt und sollte mindestens 30 Minuten im Kühlschrank ruhen. Wenn ich Teig zubereite, mache ich meist gleich eine größere Menge und friere den Rest ein, um ihn für eine andere Gelegenheit zu verwenden.

Der Belag variiert, klassisch sind die *Crostata di Marmellata* (Marmeladen-Tarte, siehe S. 169) und die *Crostata di Ricotta e Nutella* (Ricotta-Nutella-Tarte, siehe S. 161). Ricotta ist eine beliebte Zutat für italienische Desserts, und *crostate* bilden da keine Ausnahme. Er eignet sich ausgezeichnet als Füllung und lässt sich gut mit anderen Zutaten kombinieren. Außerdem enthält er weniger Fett als Sahne. Auch selbst gemachte *Crema pasticciera* (Vanillecreme) wird gerne verwendet. Häufig verfeinert man sie mit Zitrone oder Schokolade, je nach Rezept. Da wir Italiener Früchte lieben, gibt es auch viele *crostate* mit saisonalem Obst.

## TIPPS FÜR DIE TEIGHERSTELLUNG:

• In einer kühlen, trockenen Küche arbeiten.

• Bei der Verwendung von Butter oder anderem Fett auf gute Qualität achten, da der Geschmack das Aroma des Gebäcks beeinflusst.

• Schnell und mit leichter Hand arbeiten; zu stark gekneteter Teig kann zäh werden.

• Beim Ausrollen nur wenig Mehl zum Bestäuben der Arbeitsfläche nehmen, da ein Zuviel an Mehl den Teig trocken macht.

• Dem Teig immer eine Ruhezeit im Kühlschrank gönnen.

• **Blindbacken** bedeutet, dass der Boden als Erstes gebacken und der Belag erst danach daraufgegeben wird. Wenn die Tarteform mit dem Teig ausgelegt ist, Backpapier etwas größer als die Backform kreisförmig ausschneiden und auf den Teig legen. Mit einer Schicht Blindbackerbsen oder getrockneten Bohnen beschweren und im vorgeheizten Backofen 15 Minuten backen. Anschließend Erbsen bzw. Bohnen und Backpapier entfernen und den Boden weitere 5 Minuten goldbraun backen.

Es gibt nichts Besseres als hausgemachte Vanillecreme. Sie ist nicht nur nahrhafter und weniger süß als die gekauften Varianten, sondern auch noch leicht herzustellen. *Crema pasticciera* wird in Italien für viele Desserts und Tartes anstelle von Sahne verwendet. Dieses Rezept stammt von meiner Schwester Adriana und bildet die Basis aller Vanillecreme-Füllungen in diesem Buch.

# CREMA PASTICCIERA FATTA IN CASA

Hausgemachte Vanillecreme

Ausreichend als Füllung für die in diesem Buch vorgestellten Tortenböden

500 ml Vollmilch
Mark von 1 Vanilleschote, alternativ ½ TL gemahlene Vanille
6 Bio-Eigelb
100 g Zucker
60 g Weizenmehl Type 405, gesiebt

Milch und Vanille in einem kleinen Topf bei mittlerer Temperatur erhitzen, bis die Milch heiß ist, aber noch nicht kocht.

Inzwischen Eigelbe und Zucker in einer Schüssel schaumig rühren. Nach und nach das Mehl zugeben und gut einarbeiten. Die heiße Vanillemilch zugießen und ein paar Sekunden schlagen – es sollten sich keine Klümpchen bilden. Falls doch, weiterschlagen, bis sie sich aufgelöst haben.

Die Mischung zurück in den Topf füllen und bei mittlerer Temperatur erhitzen. Mit einem Holzlöffel rühren, bis die Creme beginnt, dickflüssig zu werden. Jetzt die Temperatur erhöhen und schneller rühren; die Masse sollte weder kochen noch anbrennen. Sobald das geschieht, den Topf sofort vom Herd nehmen.

Die Creme abkühlen lassen. Um dies zu beschleunigen, in ein hitzebeständiges Behältnis füllen, mit einem Deckel oder Frischhaltefolie bedecken und in den Kühlschrank stellen.

Ricotta wird in Italien gerne als Basis für Füllungen und als Belag verwendet, sowohl für süße als auch pikante Aufläufe und Tartes. Er ist leichter als viele andere cremige Käsearten und daher ideal für Desserts. Vor allem kombiniert mit Schokolade finde ich Ricotta köstlich, daher hier meine Idee, ihn mit einer Schicht Nussnugatcreme zu ergänzen – der Ricotta kontrastiert wunderbar mit der Schokolade.

# CROSTATA DI RICOTTA E TORRONE

Ricotta-Nussnugat-Tarte

**Für 6 Personen**

**Für den Teig:**
- 250 g Weizenmehl Type 405, gesiebt, plus mehr für die Form und zum Arbeiten
- 1 Prise Salz
- 125 g kalte Butter, klein gewürfelt, plus mehr für die Form
- 100 g Zucker
- 2 Bio-Eigelb

**Für den Belag:**
- 400 g Ricotta
- 1 EL Zucker
- 1 EL Marsala oder anderer Dessertwein
- 50 g Milchschokolade, grob gehackt (nach Belieben)
- 100 g Nussnugatcreme

Für den Teig Mehl und Salz in einer großen Schüssel vermischen. Die Butter mit den Fingerspitzen einarbeiten, bis die Konsistenz an grobe Semmelbrösel erinnert. Erst Zucker, dann die Eigelbe zugeben und alles zu einem glatten Teig verarbeiten. In Frischhaltefolie wickeln und 30 Minuten in den Kühlschrank stellen.

Den Backofen auf 160 °C (Umluft) vorheizen. Eine Tarteform (24 cm ⌀) leicht mit Butter einfetten und mit Mehl bestäuben.

Für den Belag Ricotta, Zucker, Marsala und nach Belieben Schokoladenstückchen in einer Schüssel vermischen. Mit Frischhaltefolie abdecken und bis zur Weiterverarbeitung kühl stellen.

Den Teig auf einer leicht bemehlten Arbeitsfläche etwa 5 mm dick ausrollen und die Tarteform damit auslegen. Überstehenden Teig abschneiden und aufbewahren. Den Teig mit einer dünnen Schicht Nussnugatcreme bestreichen, dann die Ricottamischung darüber verteilen. Den überschüssigen Teig verkneten und erneut ausrollen, in dünne Streifen schneiden und als Gittermuster über dem Ricotta platzieren.

Die Tarte 40 Minuten im Ofen goldbraun backen. Warm oder kalt servieren.

Diese herrlich rustikale Tarte ist mit getrockneten Aprikosen verfeinert. Sie erinnert mich an die selbst gemachte *crostata* meiner Kindheit. Ich habe eine Extraschicht nicht gesüßten Teigs in der Mitte eingefügt, um einen Kontrast zu der süßen Aprikosenfüllung zu schaffen. Die Aprikosen können durch Backpflaumen ersetzt werden, und anstelle von Pinienkernen kann man auch Walnüsse oder Mandelblättchen verwenden.

# CROSTATA DI ALBICOCCHE SECCHE

Tarte mit getrockneten Aprikosen

Für 6 Personen

Für den Teig:
1 Bio-Ei
2 Bio-Eigelb
350 g Weizenmehl Type 405, gesiebt, plus mehr zum Arbeiten
1 Prise Salz
140 g kalte Butter, klein gewürfelt

Für den Belag:
250 g getrocknete Aprikosen
180 g Zucker
Abrieb von 1 und frisch gepresster Saft von ½ Bio-Zitrone
45 g Pinienkerne
Eistreich (siehe S. 13)

Die Aprikosen vorab in ausreichend lauwarmem Wasser einweichen.

Für den Teig Ei und Eigelbe verquirlen und beiseitestellen. Mehl und Salz in einer großen Schüssel vermischen und die Butter mit den Fingerspitzen einarbeiten, bis die Konsistenz an grobe Semmelbrösel erinnert. Die Eier zufügen und alles zu einem glatten Teig verarbeiten. Zu einer Kugel formen, in Frischhaltefolie wickeln und bis zur Weiterverarbeitung in den Kühlschrank stellen.

Für den Belag die Aprikosen abtropfen lassen, das Wasser aufbewahren. Abtropfwasser und Zucker in einem Topf bei niedriger Temperatur erhitzen, bis sich der Zucker aufgelöst hat. Die Aprikosen zufügen, Hitze erhöhen, zum Kochen bringen und bei mittlerer Temperatur 25 Minuten köcheln lassen, bis die Konsistenz an Marmelade erinnert. Vom Herd nehmen und Zitronenabrieb sowie -saft einrühren.

Den Backofen auf 160 °C (Umluft) vorheizen. Eine runde Auflaufform (20 cm ø) mit Backpapier auslegen.

Den Teig in drei Stücke teilen, von denen eines etwas größer sein sollte. Das größere Stück auf einer leicht bemehlten Arbeitsfläche ausrollen und die Form damit auslegen, dabei auch einen Rand hochziehen. Die Hälfte der Aprikosenfüllung darauf verstreichen und mit der Hälfte der Pinienkerne bestreuen. Ein weiteres Teigstück in Formgröße ausrollen und über die Aprikosen legen. Mit der restlichen Aprikosenmischung bestreichen und mit den übrigen Pinienkernen bestreuen. Den übrigen Teig ausrollen, in dünne Streifen schneiden und als Gittermuster auf der Füllung platzieren. Vorsichtig überhängenden Teig nach innen falten, sodass er einen Rand bildet. Mit Eistreich bepinseln und 45 Minuten im Ofen goldbraun backen.

Herausnehmen, abkühlen lassen, aus der Auflaufform lösen und servieren.

Ich liebe Grießbrei, der die Basis für den Belag dieser ausgeklügelten Pfirsich-Tarte bildet. Man kann auch andere Früchte wie Erdbeeren oder gemischte Beeren, Kiwi, Ananas oder Pflaumen verwenden – egal mit welchem Belag, diese Tarte ist ein gelungener Abschluss jedes festlichen Abendessens. *Foto siehe übernächste Seite.*

## CROSTATA DI CREMA DI SEMOLINA E PESCHE

Tarte mit Grießcreme und Pfirsichen

**Für 6–8 Personen**

**Für den Teig:**
**100 g Weizenmehl Type 405, plus mehr zum Arbeiten**
**100 g Reismehl**
**100 g kalte Butter, klein gewürfelt, plus mehr für die Form**
**40 g Zucker**
**1 Bio-Ei**

**Für den Belag:**
**20 g Gelatineblätter**
**1 l Milch**
**1 Vanilleschote, der Länge nach aufgeschnitten**
**100 g Grieß**
**100 g Zucker**
**200 g Crème double**
**5–6 reife Pfirsiche, entsteint und in dünne Scheiben geschnitten**
**Puderzucker zum Bestäuben**

Beide Mehlsorten in eine große Schüssel sieben und die Butter mit den Fingerspitzen einarbeiten, bis die Konsistenz an grobe Semmelbrösel erinnert. Zucker und Ei zugeben und alles zu einem glatten Teig verarbeiten. Zu einer Kugel formen, in Frischhaltefolie wickeln und 30 Minuten in den Kühlschrank stellen.

Den Backofen auf 160 °C (Umluft) vorheizen. Eine Springform (22 cm ø) fetten.

Den Teig auf einer leicht bemehlten Arbeitsfläche etwa 3 mm dick ausrollen, die Form damit auslegen und 20 Minuten im Ofen blindbacken (siehe S. 159). Herausnehmen, abkühlen lassen, vorsichtig aus der Form lösen und auf eine Platte legen.

Inzwischen für den Belag die Gelatine in warmem Wasser einweichen. Milch und Vanilleschote in einem Topf zum Kochen bringen, Grieß einrühren, Hitze reduzieren und 10 Minuten unter gelegentlichem Rühren köcheln lassen. Zucker zugeben und rühren, bis er sich aufgelöst hat. Gelatineblätter ausdrücken und in der Mischung auflösen. Abkühlen lassen, dann die Vanilleschote entfernen. Die Crème double steif schlagen und unter die Grießcreme heben.

Die Mischung auf den gebackenen Tortenboden geben, die Pfirsichscheiben darauf arrangieren, mit Puderzucker bestäuben und servieren.

Diese Erdbeer-Tarte sieht nicht nur wunderhübsch aus, die Kombination von Zitrone und Erdbeeren ist schlicht unwiderstehlich. Am besten schmeckt sie im späten Frühling oder im Frühsommer, wenn es jede Menge reife Erdbeeren gibt. *Foto siehe übernächste Seite.*

# CROSTATA DI FRAGOLE E LIMONE

Erdbeer-Zitronen-Tarte

Für 8 Personen

Für den Teig:
250 g Weizenmehl Type 405, gesiebt, plus mehr zum Arbeiten
1 Prise Salz
125 g kalte Butter, gewürfelt, plus mehr für die Form
80 g Puderzucker, gesiebt
Abrieb von 1 Bio-Zitrone
2 Bio-Eigelb, leicht verquirlt

Für den Belag:
1 Portion Hausgemachte Vanillecreme (siehe S. 160)
Abrieb von 1 Bio-Zitrone
600 g Erdbeeren, in Scheiben geschnitten oder im Ganzen (je nach Größe)
Puderzucker zum Bestäuben

Für den Teig Mehl und Salz in einer großen Schüssel vermischen und die Butter mit den Fingerspitzen einarbeiten, bis die Konsistenz an grobe Semmelbrösel erinnert. Erst Puderzucker und Zitronenabrieb, dann die Eigelbe zugeben und alles zu einem glatten Teig verarbeiten. Zu einer Kugel formen, in Frischhaltefolie wickeln und 30 Minuten in den Kühlschrank stellen.

Den Backofen auf 160 °C (Umluft) vorheizen. Eine Tarteform (22 cm ø) fetten.

Für den Belag die Vanillecreme zubereiten und den Zitronenabrieb zufügen.

Den Teig auf einer leicht bemehlten Arbeitsfläche ausrollen, die Form damit auslegen und 25 Minuten im Ofen blindbacken (siehe S. 159). Herausnehmen und abkühlen lassen, dann aus der Form heben und vorsichtig auf eine Platte legen.

Den Tortenboden mit abgekühlter Vanillecreme bestreichen, mit Erdbeeren belegen und mit Puderzucker bestäuben.

Der Fantasie sind bei der Herstellung dieser Tartes keine Grenzen gesetzt – Kinder lieben es, hier mitzuhelfen! Ich bevorzuge eine Auswahl unterschiedlicher Marmeladen wie Aprikose, Himbeere, Pflaume, Pfirsich, oder was auch immer ich im Vorratsschrank habe. Am besten eignet sich hausgemachte Marmelade; wer keine vorrätig hat, sollte eine gute Marke wählen, die nicht zu viel Zucker enthält.

# CROSTATINE DI MARMELLATA

Marmeladen-Tartes

Ergibt 6 Tartes

Für den Teig:
250 g Weizenmehl Type 405, plus mehr zum Arbeiten
125 g kalte Butter, klein gewürfelt, plus mehr für die Förmchen
75 g Puderzucker
Mark von ½ Vanilleschote
2 Bio-Eigelb
Marmelade nach Wahl
Eistreich (siehe S. 13)

Das Mehl in eine große Schüssel sieben und die Butter mit den Fingerspitzen einarbeiten, bis die Konsistenz an grobe Semmelbrösel erinnert. Erst Puderzucker und Vanille, dann die Eigelbe unterrühren. Zügig zu einem glatten Teig verarbeiten, damit er nicht zu warm wird. Den Teig zu einer Kugel formen, in Frischhaltefolie wickeln und 30 Minuten oder bis zur Weiterverarbeitung in den Kühlschrank stellen.

Den Backofen auf 160 °C (Umluft) vorheizen. Sechs runde Tarteförmchen mit herausnehmbarem Boden (12 cm ø) leicht mit Butter einfetten und mit Mehl bestäuben.

Den Teig auf einer leicht bemehlten Arbeitsfläche 5 mm dick ausrollen und die Förmchen damit auslegen. Böden mit einer Gabel einstechen und mit Marmelade bestreichen. Den überschüssigen Teig sammeln, erneut ausrollen, in Streifen oder andere Formen schneiden und die Tartes damit belegen. Mit etwas Eistreich bepinseln.

Die Förmchen auf ein flaches Backblech stellen und 20–25 Minuten im Ofen goldbraun backen. Herausnehmen, abkühlen lassen und vorsichtig aus den Formen lösen.

Blätterteig und Filo gehören zu den wenigen Teigsorten, die ich normalerweise nicht selbst mache. Die Herstellung ist aufwendig, und die Qualität der gekauften ist meist recht gut. Die Vanillecreme in diesem einfachen, aber köstlichen Dessert harmoniert perfekt mit den Beeren, die je nach Saison und Auswahl variieren dürfen.

# CROSTATA AI FRUTTI DI BOSCO E CREMA PASTICCIERA

Tarte mit Vanillecreme und Waldbeeren

**Für 4–6 Personen**

**1 Portion Hausgemachte Vanillecreme (siehe S. 160)**
**6 quadratische Scheiben Filoteig (à 24 cm x 24 cm, aus dem Kühlregal)**
**50 g Butter, zerlassen, plus mehr für die Form**
**100 g gemischte Waldfrüchte (wie Himbeeren, Blaubeeren, Brombeeren)**

Die Vanillecreme zubereiten und abkühlen lassen.

Den Backofen auf 170 °C (Umluft) vorheizen. Eine runde Backform (20 cm ø) leicht mit Butter einfetten.

Falls nötig, den Filoteig auf 24 cm x 24 cm zurechtschneiden. Die Form mit einer Schicht Teig auslegen. Überstehenden Teig über den Rand hängen lassen. Mit zerlassener Butter bepinseln, eine weitere Lage Filo darauflegen und ebenfalls mit Butter bestreichen. Fortfahren, bis alle Teigscheiben verarbeitet sind.

Die abgekühlte Vanillecreme hineingießen, die Beeren darauf arrangieren und leicht in die Creme drücken.

Die Tarte 30–35 Minuten im Ofen backen, bis der Teig goldbraun ist und die Vanillecreme einen leichten Goldton angenommen hat. Herausnehmen, abkühlen lassen und servieren.

Limoncello verleiht dieser herrlichen Zitronen-Tarte einen zusätzlichen Kick. Die geraspelte Zartbitterschokolade harmoniert überraschend gut mit der Zitrone – ich komme ursprünglich von der Amalfiküste, wo es alle möglichen Arten von mit Limoncello gefüllter Schokolade gibt, die einfach köstlich schmecken! Mit eisgekühltem Limoncello serviert, bildet die Tarte den perfekten Abschluss eines festlichen Abendessens.

# CROSTATA ALLA CREMA DI LIMONCELLO CON CIOCCOLATO

## Cremige Limoncello-Tarte mit geraspelter Schokolade

**Für 8 Personen**

**Für den Teig:**

**250 g Weizenmehl Type 405, gesiebt, plus mehr zum Arbeiten**
**1 Prise Salz**
**125 g kalte Butter, klein gewürfelt, plus mehr für die Form**
**80 g Puderzucker, gesiebt**
**Abrieb von 1 Bio-Zitrone**
**2 Bio-Eigelb, leicht verquirlt**

**Für den Belag:**

**1 Portion Hausgemachte Vanillecreme (siehe S. 160)**
**3 EL Limoncello**
**Abrieb von 1 großen Bio-Zitrone**
**Zartbitterschokolade (mind. 70 % Kakao)**

Mehl und Salz in einer großen Schüssel vermischen und die Butter mit den Fingerspitzen einarbeiten, bis die Konsistenz an grobe Semmelbrösel erinnert. Erst Puderzucker und Zitronenabrieb, dann die Eigelbe zufügen. Zu einem glatten Teig verarbeiten und zu einer Kugel formen. In Frischhaltefolie wickeln und 30 Minuten in den Kühlschrank stellen.

Den Backofen auf 180 °C (Umluft) vorheizen. Eine Tarteform aus Weißblech (22 cm ø) mit etwas Butter einfetten und mit Mehl bestäuben.

Für den Belag die Vanillecreme zubereiten, Limoncello und Zitronenabrieb einrühren und abkühlen lassen.

Den Teig auf einer leicht bemehlten Arbeitsfläche etwa 5 mm dick ausrollen, die Tarteform damit auslegen und 20–25 Minuten im Ofen blindbacken (in den ersten 15 Minuten mit Blindbackerbsen, danach ohne, siehe Backtipps S. 159). Aus dem Backofen nehmen und den Tortenboden abkühlen lassen. Vorsichtig aus der Form heben und auf eine Platte oder ein Brett legen.

Den Tortenboden mit der Limoncello-Vanillecreme bestreichen, die Schokolade darüberraspeln und sofort servieren. Soll die Tarte erst später serviert werden, zunächst kalt stellen, dann aber bei Zimmertemperatur servieren.

Dieses traditionelle sardische Ostergebäck – je nach Region auch unter den Namen *formagelle* oder *casadinas* bekannt – wird mit Ricotta oder einem anderen lokalen Käse zubereitet. Normalerweise besteht der Teig aus Mehl, Schmalz und Wasser, aber ich bevorzuge einen Mürbteig wie den hier vorgestellten. Der Teig kann bei der Verarbeitung etwas bröselig sein, man sollte also zügig arbeiten. Krümelt er zu stark, einfach ein paar Minuten in den Kühlschrank stellen, damit er hart wird, und dann weitermachen. Nach Belieben kann man ihn auch gleich in Törtchenformen geben, aber die handgemachten Körbchen sind wirklich hübsch und außergewöhnlich. Das zarte Gebäck schmeckt allen, die es nicht allzu süß mögen.

# PERDULAS

## Sardische Ricotta-Törtchen

Ergibt 8–10 Törtchen

Für den Teig:
250 g Weizenmehl Type 405, gesiebt, plus mehr zum Arbeiten
140 g kalte Butter, klein gewürfelt
1 Bio-Eigelb (Größe L), verquirlt mit 2 EL Eiswasser

Für die Füllung:
250 g Ricotta
1 Prise Salz
1 Bio-Ei (Größe L)
40 g Zucker
2 TL Grieß
Abrieb von ½ Bio-Zitrone
Abrieb von ½ Bio-Orange
1 Prise Safranpulver

Das Mehl in eine Schüssel geben und die Butter mit den Fingerspitzen einarbeiten, bis die Konsistenz an grobe Semmelbrösel erinnert. Die Eigelbmischung zugeben und alles rasch mit den Händen zu einem Teig verarbeiten. Bei Bedarf etwas mehr Eiswasser zufügen. Den Teig zu einer Kugel formen oder flach drücken, in Frischhaltefolie wickeln und 30 Minuten kalt stellen.

Den Backofen auf 200 °C (Umluft) vorheizen. Ein Backblech mit Backpapier auslegen.

Inzwischen für die Füllung den Ricotta in einer Schüssel leicht mit einer Gabel zerdrücken. Salz, Ei, Zucker, Grieß, Zitrusabrieb und Safran einrühren und gut vermengen. Abdecken und bis zur Weiterverarbeitung kühl stellen.

Den Teig auf einer leicht bemehlten Arbeitsfläche 1 cm dick ausrollen. Mit einer runden Ausstechform (11 cm ø) Kreise ausstechen. Nacheinander die Kreise auf die Handfläche legen und je 2 EL Füllung in die Mitte geben. Mit der anderen Hand die Seiten leicht nach oben drücken, sodass die Füllung nicht auslaufen kann und die Törtchen wie kleine Körbchen aussehen. Vorsichtig auf das Backblech oder in Törtchenformen setzen und 20 Minuten im Ofen goldbraun backen.

Aus dem Backofen nehmen, abkühlen lassen und genießen!

Für die Neapolitaner symbolisieren diese Ostertörtchen Wiedergeburt und Fruchtbarkeit – ein Mythos, der noch aus heidnischer Zeit stammt, als die Neapolitaner der Sirene *Partenope* die Früchte des Landes darboten – Eier für Fruchtbarkeit, Weizen vom Land, Ricotta von den Schäfern. Das Rezept hat sich im Laufe der Jahre weiterentwickelt, und heute wird das Gebäck nicht nur zu Hause, sondern in Konditoreien in der gesamten Campania-Region produziert. Für gewöhnlich mache ich eine Reihe größerer Tartes und kleinere wie diese für Familie und Freunde. Vorgekochten Weizen gibt es in guten italienischen Feinkostgeschäften zu kaufen.

# PASTIERINE DI GRANO

## Mini-Törtchen aus Weizen und Ricotta

Ergibt 6 Stück

Für den Teig:
300 g Weizenmehl Type 405, plus mehr zum Arbeiten
120 g kalte Butter, klein gewürfelt, plus mehr für die Förmchen
120 g Zucker
Abrieb von 1 Bio-Orange
2 Bio-Eigelb (Größe L)
Eistreich (siehe S. 13)

Für den Belag:
300 g vorgekochter Weizen (*Grano Cotto Pastiera*, aus dem italienischen Feinkosthandel oder online)
120 ml Vollmilch
15 g Butter
1 TL Zimtpulver
300 g Ricotta
Mark von ½ Vanilleschote
200 g Zucker
Abrieb von 1 Bio-Orange
1 EL Orangenblütenwasser
2 Bio-Eier
1 Bio-Eigelb
Puderzucker zum Bestäuben

Für die Creme:
150 ml Vollmilch
¼ Vanilleschote, der Länge nach aufgeschnitten
2 Bio-Eigelb
60 g Zucker
1 EL Speisestärke

>>

<<

Das Mehl in eine große Schüssel sieben und die Butter mit den Fingerspitzen einarbeiten, bis die Konsistenz an grobe Semmelbrösel erinnert. Erst Zucker und Orangenabrieb, dann Eigelbe einrühren und alles zu einem Teig verarbeiten. Bei Bedarf etwas kaltes Wasser zugeben, allerdings nur tröpfchenweise, bis ein glatter Teig entstanden ist. Zu einer Kugel formen und in Frischhaltefolie wickeln. Mindestens 30 Minuten in den Kühlschrank stellen.

Inzwischen für den Belag Weizen, Milch, Butter und Zimt in einem kleinen Topf unter Rühren langsam zum Köcheln bringen, bis die Milch vom Weizen aufgenommen wurde. Vom Herd nehmen und zum Abkühlen beiseitestellen.

Für die Creme Milch und Vanilleschote in einem Topf zum Sieden bringen und vom Herd nehmen. Eigelbe und Zucker in einer hitzebeständigen Schüssel schaumig schlagen. Speisestärke einrühren und zu einer glatten Masse verquirlen. Unter Rühren nach und nach die heiße Milch zugießen, sodass sich keine Klümpchen bilden. Zurück in den Topf füllen und bei mittlerer Temperatur unter Rühren zum Köcheln bringen. Erneut vom Herd nehmen und abkühlen lassen.

Ricotta, Vanille, Zucker, Orangenabrieb und Orangenblütenwasser in die abgekühlte Weizenmischung rühren. Nach und nach erst Eier und Eigelb, dann die Creme zufügen und gründlich vermischen. Beiseitestellen.

Den Backofen auf 160 °C (Umluft) vorheizen. Sechs Törtchenformen mit herausnehmbarem Boden (12 cm ø) leicht einfetten.

Den Teig auf einer leicht bemehlten Arbeitsfläche etwa 5 mm dick ausrollen und die Formen damit auslegen. Die Teigböden leicht mit einer Gabel einstechen und die cremige Mischung daraufstreichen. Überschüssigen Teig erneut ausrollen, in dünne Streifen schneiden und als Gittermuster auf dem Belag platzieren. Mit etwas Eistreich bepinseln, die Förmchen auf ein großes Backblech setzen und die Tartes 45 Minuten im Ofen goldbraun backen.

Herausnehmen, abkühlen lassen und vor dem Servieren mit Puderzucker bestäuben.

Diese sättigende Kürbis-Tarte wurde von den amerikanischen pumpkin pies beeinflusst, allerdings nach italienischer Art mit Mascarpone ergänzt. Kürbis kommt in der italienischen Küche häufig zum Einsatz, vor allem bei herzhaften Gerichten wie Pasta und Risotto. Außerdem verwenden wir ihn für Eintöpfe oder als Füllung für Ravioli. Sein Geschmack ist leicht süßlich, daher eignet er sich auch für Desserts; einmal habe ich Crumble damit zubereitet, und er war ein voller Erfolg in meinem Restaurant. Durch den Einfluss des Halloween-Festes werden süße Kürbisrezepte wie dieses auch in Italien immer beliebter.

# CROSTATA DI ZUCCA

Kürbis-Tarte

Für 6 Personen

Für den Teig:
250 g Weizenmehl Type 405, gesiebt, plus mehr zum Arbeiten
1 Prise Salz
125 g kalte Butter, klein gewürfelt, plus mehr für die Form
100 g Zucker
2 Bio-Eigelb, leicht verquirlt

Für den Belag:
400 g Kürbis, z. B. Butternusskürbis (Nettogewicht)
180 g Mascarpone
2 EL Rohrohrzucker
1 Prise Zimtpulver
1 Prise frisch gemahlene Muskatnuss
1 EL Marsala

Für den Teig Mehl und Salz in einer großen Schüssel mischen und die Butter mit den Fingerspitzen einarbeiten, bis die Konsistenz an grobe Semmelbrösel erinnert. Erst Zucker, dann Eigelbe einrühren und alles zu einem Teig vermengen. In Frischhaltefolie wickeln und 30 Minuten in den Kühlschrank stellen.

Den Backofen auf 180 °C (Umluft) vorheizen.

Den Kürbis in Scheiben schneiden, auf einem Backblech verteilen und 30 Minuten im Ofen weich backen. Anschließend in einer Schüssel zu einer Paste zerdrücken und abkühlen lassen. Mascarpone, Zucker, Zimt, Muskatnuss und Marsala zugeben und gut vermengen.

Die Backofentemperatur auf 160 °C reduzieren. Eine runde Tarteform (24 cm ø) mit ein wenig Butter einfetten und mit Mehl bestäuben.

Den Teig auf einer leicht bemehlten Arbeitsfläche 5 mm dick ausrollen und die Tarteform damit auslegen. Überschüssigen Teig abschneiden und aufbewahren. Den Tortenboden mit der Kürbismischung bestreichen, überschüssigen Teig erneut ausrollen, in dünne Streifen schneiden und als Gittermuster auf der Füllung platzieren. Etwa 30 Minuten im Ofen backen, bis der Teig goldbraun ist.

Aus dem Backofen nehmen und vor dem Anschneiden abkühlen lassen.

Dieses traditionelle österreichische Dessert ist auch in den norditalienischen Regionen Trentino-Südtirol und Venetien verbreitet, die an Österreich angrenzen. Oft wird der Strudel mit Filoteig gemacht, aber in diesem Rezept habe ich mich für die in Südtirol übliche Version entschieden. Er ist einfach zu machen – der Trick besteht darin, den Teig so dünn wie möglich auszurollen. Die Semmelbrösel binden die Füllung und nehmen die Säfte während des Backens auf. Apfelstrudel kann warm mit Vanille- oder Eiscreme genossen werden, schmeckt aber auch kalt einfach köstlich.

# STRUDEL DI MELE

Apfelstrudel

Für 6–8 Personen

Für den Teig:
125 g Weizenmehl Type 405, gesiebt, plus mehr bei Bedarf und zum Arbeiten
1 Prise Salz
1 Bio-Ei
1 EL natives Olivenöl extra, plus mehr für die Schüssel
3 EL lauwarmes Wasser

Für die Füllung:
100 g Butter
75 g Semmelbrösel
40 g Sultaninen, in lauwarmem Wasser eingeweicht
600 g aromatische Äpfel (z. B. Golden Delicious), geschält, entkernt und in dünne Scheiben geschnitten
1 TL Zimtpulver
Abrieb von 1 Bio-Zitrone
50 g Zucker
35 g Walnusskerne, grob gehackt
Puderzucker zum Bestäuben

Für den Teig Mehl und Salz in einer großen Schüssel mischen, Ei, Olivenöl und lauwarmes Wasser zufügen und alles zu einem klebrigen Teig verarbeiten. Auf eine leicht bemehlte Arbeitsfläche geben und 1 Minute behutsam kneten. Bei Bedarf etwas mehr Mehl zugeben und zu einer Kugel formen. Eine Schüssel leicht einfetten, den Teig hineinlegen, mit Frischhaltefolie abdecken und 30 Minuten kühl stellen.

Den Backofen auf 180 °C (Umluft) vorheizen. Ein flaches Backblech mit Backpapier auslegen.

Für die Füllung 50 g Butter in einer kleinen Pfanne zerlassen, die Semmelbrösel zugeben und bei mittlerer Temperatur goldbraun rösten. Vom Herd nehmen und abkühlen lassen.

Die Sultaninen gut abtropfen lassen und mit Äpfeln, Zimt, Zitronenabrieb und Zucker vermengen. Die Semmelbrösel unterrühren.

Ein sauberes Geschirrtuch auf die Arbeitsfläche legen und mit Mehl bestäuben. Den Teig darauf so dünn wie möglich zu einem Rechteck (40 cm x 35 cm) ausrollen. Ist der Teig noch zu klebrig, mit etwas Mehl bestäuben.

Die restliche Butter zerlassen und mit einem Teil davon den Teig bepinseln, dabei einen 2 cm breiten Rand freilassen. Die Apfelmischung darauf verteilen und mit Walnüssen krönen. Den Teig mithilfe des Geschirrtuchs einrollen, die Enden versiegeln und auf das Backblech legen. Die Oberseite mit zerlassener Butter bestreichen und 30 Minuten im Ofen backen, bis der Strudel leicht goldbraun ist.

Aus dem Backofen nehmen und etwas abkühlen lassen, dann mit Puderzucker bestäuben und genießen.

# BISCOTTI

*Biscotti* (Kekse) bedeutet »zweifach gebacken«, da dies die ursprüngliche Zubereitungsmethode war – noch heute erinnert unser Zwieback an dieses Verfahren. Früher wurden Brotscheiben nochmals im Ofen gebacken, um sie knuspriger und haltbarer zu machen. Dieses *pan biscotto* tauchte man zum Verzehr in Wasser oder Milch, damit es etwas weicher wurde. Es wurde für Matrosen als Schiffsration gebacken oder Soldaten auf den Feldzug mitgegeben.

Im Mittelalter perfektionierte man in den Klöstern die Kunst der Keksherstellung, die bis heute in Italien lebendig ist. Ein junges Mädchen namens Maria Grammatico trat im sizilianischen Dorf Erice in den 1940er-Jahren in den Konvent ein und lernte dort bei den Nonnen das Backen. Sie verließ schließlich den Konvent, um im Dorf ihren eigenen Laden zu eröffnen – dieses heute noch bestehende Geschäft ist bei Einheimischen wie Touristen für seine köstlichen Mandelkekse bekannt.

Ab Mitte des 19. Jahrhunderts wurden Kekse kommerziell produziert. In dieser Zeit gründete Davide Lazzaroni sein berühmtes Keksimperium und verkaufte die Kekse in reich verzierten Blechdosen. Ich erinnere mich daran, dass die geleerten Dosen dann zur Aufbewahrung selbst gebackener Kekse oder anderer Haushaltswaren dienten. *Lazzaroni* ist immer noch eine berühmte Marke und exportiert seine Kekse in alle Welt. Am bekanntesten sind außerhalb Italiens wohl die *Amaretti di Saronno* in den traditionellen roten Dosen.

Die Kekse, die wir heute gerne essen, entwickelten sich natürlich im Laufe der Zeit, wenn jeweils neue, aufregende Zutaten erhältlich waren oder moderne Produktionsmethoden aufkamen. Kekse mit Schokoüberzug oder Doppelkekse mit einer süßen Trennschicht kamen etwa in den letzten 50 Jahren auf.

Wie alle anderen italienischen Speisen sind auch Kekse regional geprägt. Zu den wohl bekanntesten Sorten zählen die toskanischen *Cantuccini*, die außerhalb Italiens *Biscotti* genannt werden: Ihre Knusprigkeit verdanken sie dem zweifachen Backen. Die weichen *Savoiardi* aus Biskuitteig stammen aus dem Piemont und haben eine lange Geschichte – ursprünglich wurden sie wohl für den Königshof gebacken. In der Gegend von Neapel sind die reichhaltigen Kekse *Mostaccioli* und *Rococo* sehr beliebt, die mit Gewürzen und Honig verfeinert werden. Und in Sizilien färbt man Mandelkekse bunt ein und dekoriert sie mit kandierten Früchten – eine wahre Augenweide und dazu ein Gaumenschmaus.

Diese einfachen Kekse schmecken unvergleichlich – nach dem ersten Bissen kann man kaum mehr aufhören. Der Teig ist so zart, dass die Kekse auf der Zunge zergehen. Ich verfeinere sie gerne mit Vanille, aber man kann stattdessen z. B. auch Zitronen- oder Orangenabrieb nehmen. Für dieses Rezept habe ich eine runde Ausstechform gewählt, doch es gibt so viele interessante Formen! Die Kekse eignen sich perfekt zum Füllen mit Konfitüre oder Nussnugatcreme (nächste Seite und S. 184).

# GRUNDREZEPT KEKSE

**Ergibt ca. 22 Kekse**

**150 g Weizenmehl Type 405, plus mehr zum Arbeiten**
**100 g kalte Butter, klein gewürfelt**
**70 g Puderzucker, gesiebt**
**Mark von 1 Vanilleschote**
**1 Bio-Eigelb**

Das Mehl in eine Schüssel sieben und die Butter mit den Fingerspitzen einarbeiten, bis die Konsistenz an grobe Semmelbrösel erinnert. Erst Puderzucker und Vanillemark, dann Eigelb einrühren und alles zügig zu einem glatten Teig verarbeiten, damit er nicht zu warm wird. Den Teig zu einer Kugel formen, in Frischhaltefolie wickeln und bis zur Weiterverarbeitung mindestens 30 Minuten in den Kühlschrank stellen.

Den Backofen auf 170 °C (Umluft) vorheizen. Ein flaches Backblech mit Backpapier auslegen.

Den Teig auf einer leicht bemehlten Arbeitsfläche 5 mm dick ausrollen. Mit einem Ausstecher (5 cm ⌀) Kreise ausstechen und auf das Backblech legen. Etwa 10 Minuten im Ofen backen, bis die Kekse leicht goldbraun sind.

Herausnehmen, abkühlen lassen und genießen! In einem luftdichten Behälter sind die Kekse bis zu 1 Woche haltbar.

Diese beliebten Marmeladenkekse bekommt man überall in italienischen Bäckereien und Konditoreien; sie werden in unzähligen Formen und Größen angeboten. Zu Hause lassen sie sich leicht nachbacken! Nach Möglichkeit am besten hausgemachte Marmelade oder gekaufte von guter Qualität verwenden.

# BISCOTTI CON LA MARMELLATA

Marmeladenkekse

**Ergibt ca. 12 Kekse**

**1 Portion Grundrezept Kekse (siehe links)**
**Marmelade nach Wahl, z. B. Erdbeere, Himbeere oder Aprikose, durch ein Sieb gestrichen**
**Zucker zum Bestreuen**

Dem Grundrezept Kekse folgen. 30 Minuten abkühlen lassen.

Den Backofen auf 170 °C (Umluft) vorheizen. Ein Backblech mit Backpapier auslegen.

Den Teig auf einer leicht bemehlten Arbeitsfläche 5 mm dick ausrollen. Mit einem Ausstecher (5 cm ø) Kreise ausstechen. In die Hälfte der Kreise mit einem winzigen Ausstecher oder der Tülle einer Spritztüte ein Loch in die Mitte drücken. Die Kreise ohne Loch jeweils mit einem Klecks Marmelade bestreichen. Die anderen Teigkreise (mit Loch) obenauf legen. Die Marmelade sollte zu sehen sein, aber während des Backens nicht herausquellen – den oberen Kreis also nicht zu fest andrücken!

Die Kekse auf das vorbereitete Backblech legen, mit Zucker bestreuen und 15 Minuten im Ofen backen, bis sie leicht golden sind.

Herausnehmen und abkühlen lassen. In einem luftdichten Behälter sind sie bis zu 1 Woche haltbar.

Diese schnell gebackenen Kekse machen richtig glücklich! Der delikate Teig ist der gleiche wie beim Grundrezept Kekse (siehe S. 182), aber mit Orangenschale verfeinert. Die gebackenen Kekse einfach mit Nussnugatcreme zusammenfügen – eine Arbeit, bei denen die Kids sicher gerne helfen! Gut aufbewahrt sind die Kekse 1 Woche haltbar, aber ich habe so meine Zweifel, ob es sie tatsächlich so lange geben wird!

# BISCOTTI AL TORRONE

## Nussnugat-Kekse

Ergibt ca. 11 Kekse

150 g Weizenmehl Type 405, plus mehr zum Arbeiten
100 g kalte Butter, klein gewürfelt
70 g Puderzucker, gesiebt, plus mehr zum Bestäuben
Abrieb von ½ Bio-Orange
Mark von ½ Vanilleschote
1 Bio-Eigelb
100 g Nussnugatcreme

Das Mehl in eine Schüssel sieben, die Butter zugeben und mit den Fingern einarbeiten, bis die Konsistenz an grobe Semmelbrösel erinnert. Puderzucker, Orangenabrieb und Vanillemark unterrühren. Das Eigelb zugeben und alles zügig zu einem glatten Teig verarbeiten, damit er nicht zu warm wird. Zu einer Kugel formen, in Frischhaltefolie wickeln und mindestens 30 Minuten kalt stellen.

Den Backofen auf 170 °C (Umluft) vorheizen. Ein Backblech mit Backpapier auslegen.

Den Teig auf einer leicht bemehlten Arbeitsfläche 5 mm dick ausrollen. Mit einem Ausstecher (5 cm ø) Kreise ausstechen und auf das Backblech verteilen. Etwa 10 Minuten im Ofen leicht goldbraun backen.

Herausnehmen und abkühlen lassen. Die Hälfte der Kekse mit etwas Nussnugatcreme bestreichen und jeweils mit den übrigen Keksen zusammenfügen. Auf einen Teller legen und mit Puderzucker bestäuben. In einem luftdichten Behälter sind sie bis zu 1 Woche haltbar.

Diese Kekse stammen aus *Castellamare*, der Heimatstadt meiner Mutter. Immer, wenn wir meine Großeltern besuchten oder sie zu uns kamen, wurden wir mit dieser Köstlichkeit verwöhnt. Wir dippten die Kekse zum Frühstück in unsere Milch oder nachmittags in heiße Schokolade. Es war mir wichtig, dieses Rezept hier vorzustellen, da die Kekse nicht überall erhältlich sind, sondern eben nur in *Castellamare*. Sie werden aus Hefeteig hergestellt, für den man traditionell das dortige Quellwasser mit hohem Hydrogencarbonatgehalt verwendet. Es kann natürlich jegliches Mineralwasser mit natürlichem hohem Gehalt an Hydrogencarbonat genommen werden.

# BISCOTTI DI CASTELLAMARE

Kindheitskekse

**Ergibt ca. 16 Kekse**

**Für den Vorteig:**
**12 g Frischhefe**
**3 EL lauwarmes Wasser**
**150 g Weizenmehl Type 550**

**Für die Kekse:**
**250 g Weizenmehl Type 550**
**90 g Zucker**
**40 g weiche Butter**
**Abrieb von ½ Bio-Zitrone**
**120 ml Mineralwasser mit natürlichem Gehalt an Hydrogencarbonat (z. B. Gerolsteiner Sprudel)**

**Zum Bestäuben:**
**2 TL Puderzucker, gesiebt**
**½ TL Zimtpulver**

Für den Vorteig die Hefe im lauwarmen Wasser auflösen. Zum Mehl geben und alles zu einem Teig verarbeiten. Zu einer Kugel formen, mit Frischhaltefolie abdecken und 1 Stunde an einem warmen Ort gehen lassen.

Den Backofen auf 170 °C (Umluft) vorheizen. Ein Backblech mit Backpapier auslegen.

Den Vorteig auf der Arbeitsfläche etwas auseinanderziehen und die restlichen Kekszutaten gründlich einarbeiten, bis ein glatter Teig entstanden ist.

Den Teig in 16 Stücke teilen und diese in Zigarrenform rollen (15 cm lang) Auf das Backblech legen, mit einem sauberen Geschirrtuch abdecken und bei Zimmertemperatur 10 Minuten gehen lassen.

Puderzucker und Zimt vermengen und die Kekse damit bestäuben. Etwa 25–30 Minuten im Ofen goldbraun backen.

Herausnehmen und abkühlen lassen. In einem luftdichten Behälter sind sie bis zu 1 Woche haltbar.

A.RICCARDI

Diese schlichten Kekse sind auch unter dem Namen *bussolai* oder *buranelli* bekannt, denn sie stammen von der schönen venezianischen Insel Burano, wo sie traditionell zu Ostern gebacken wurden. Inzwischen werden sie in der Gegend um Venedig das ganze Jahr über gerne gegessen. In Klarsichtfolie gewickelt findet man sie in Bäckereien. Oft bekommt man sie auch im Restaurant zum Abschluss einer Mahlzeit zu einem Glas Dessertwein.

# BISCOTTI VENEZIANI BURANELLI

Venezianische Kekse

Ergibt ca. 22 Kekse

250 g Weizenmehl Type 405, plus mehr zum Arbeiten
1 Prise Salz
75 g weiche Butter
100 g Zucker
3 Bio-Eigelb, verquirlt
1 TL Vanilleextrakt
1 EL Rum
Abrieb von 1 Bio-Zitrone

Mehl und Salz in eine große Schüssel sieben. Die restlichen Zutaten zufügen und alles zu einem glatten Teig verarbeiten. In Frischhaltefolie wickeln und mindestens 30 Minuten kalt stellen.

Inzwischen den Backofen auf 160 °C (Umluft) vorheizen. Zwei Backbleche mit Backpapier auslegen.

Den Teig auf eine leicht bemehlte Arbeitsfläche legen. Ein Stück Teig abschneiden und zu einer sehr langen, dünnen Wurst rollen. Je 12 cm lange Stücke abtrennen und zu »S« formen. Mit dem restlichen Teig ebenso verfahren. Die Kekse auf die Backbleche legen und 15–20 Minuten im Ofen backen, bis sie goldbraun sind.

Herausnehmen und leicht abkühlen lassen. In einem luftdichten Behälter sind sie bis zu 1 Woche haltbar.

Für ein perfektes Ergebnis unbedingt Zitronen von bester Qualität kaufen, am besten Amalfizitronen – ein guter Obst- und Gemüsehändler kann sie sicher besorgen. Wer kein Fan von Glasuren ist, kann die Kekse auch pur genießen – die Zitronenschale im Teig sorgt für ein angenehm säuerliches Aroma.

# BISCOTTI AL LIMONE

## Zitronenkekse

Ergibt ca. 22 Kekse

150 g Weizenmehl Type 405, plus mehr zum Arbeiten
100 g kalte Butter, klein gewürfelt
70 g Puderzucker, gesiebt
Abrieb von 2 Bio-Zitronen
1 Bio-Eigelb

Für die Zitronenglasur:
75 g Puderzucker
Abrieb von 1 und frisch gepresster Saft von ½ Bio-Zitrone

Das Mehl in eine Schüssel sieben, die Butter zugeben und mit den Fingern einarbeiten, bis die Konsistenz an grobe Semmelbrösel erinnert. Erst Puderzucker und Zitronenabrieb, dann Eigelb unterrühren und alles zügig zu einem glatten Teig verarbeiten, damit er nicht zu warm wird. Zu einer Kugel formen, in Frischhaltefolie wickeln und bis zur Weiterverarbeitung mindestens 30 Minuten in den Kühlschrank stellen.

Den Backofen auf 170 °C (Umluft) vorheizen. Ein Backblech mit Backpapier auslegen.

Den Teig auf einer leicht bemehlten Arbeitsfläche 5 mm dick ausrollen. Mit einem Ausstecher (5 cm ø) Kreise ausstechen (oder eine andere Form wählen) und auf das Backblech legen. Etwa 10 Minuten im Ofen leicht goldbraun backen.

Herausnehmen und noch 2 Minuten auf dem Backblech ruhen lassen. Dann zum kompletten Auskühlen auf ein Kuchengitter legen.

Den Puderzucker in eine Schüssel sieben und nach und nach Zitronensaft zugießen, bis eine glatte Glasur entsteht. Den Zitronenabrieb unterrühren und die Masse über die Kekse träufeln. Etwa 20–30 Minuten trocknen lassen. In einem luftdichten Behälter sind sie bis zu 1 Woche haltbar.

Diese typisch italienischen Kekse stammen aus dem frühen 19. Jahrhundert. Damals backte man sie zu Ostern in Form kleiner Körbchen, in die die Kinder gefärbte Eier legten. Im Laufe der Zeit veränderte sich die Form dieser beliebten Kekse, die nun an Blüten erinnern und rund ums Jahr verzehrt werden. Sie werden inzwischen industriell hergestellt, in ganz Italien verkauft und sogar exportiert. Aber selbst gebacken schmecken sie immer noch am besten. Die Mischung aus Weizen- und Kartoffelmehl und die ungewöhnliche Zutat hart gekochten Eigelbs verleihen den Keksen ihre typisch krümelige Konsistenz. Sie zergehen tatsächlich auf der Zunge!

# CANESTRELLI

## Kekse in Blütenform

**Ergibt ca. 50 Kekse**

**4 hart gekochte Bio-Eier**
**200 g Weizenmehl Type 405, gesiebt, plus mehr zum Arbeiten**
**150 g Kartoffelmehl**
**200 g kalte Butter, gewürfelt**
**100 g Puderzucker, plus mehr zum Bestäuben**
**2 TL Vanilleextrakt**
**Abrieb von 1 Bio-Zitrone**

Die Eier pellen, das Eiweiß ablösen und zu anderweitiger Verwendung aufheben. Die Eigelbe zerbröckeln und beiseitestellen.

Weizen- und Kartoffelmehl in einer großen Schüssel vermengen. Die Butter mit den Fingerspitzen einarbeiten, bis die Konsistenz an grobe Semmelbrösel erinnert. Puderzucker, Vanilleextrakt und Zitronenabrieb einrühren. Die Eigelbe durch ein Sieb streichen und untermengen. Zu einem sehr glatten Teig verarbeiten, in Frischhaltefolie wickeln und 1 Stunde kalt stellen.

Den Backofen auf 150 °C (Umluft) vorheizen. Zwei Backbleche mit Backpapier auslegen.

Den Teig auf einer bemehlten Arbeitsfläche 1 mm dick ausrollen. Mit einem Blümchenausstecher (5 cm ø) Kekse ausstechen. Mit der Tülle einer Spritztüte ein kleines Loch in die Mitte stechen. Auf die Backbleche legen und 17–20 Minuten im Ofen goldbraun backen.

Herausnehmen, abkühlen lassen und die Kekse mit Puderzucker bestäuben. In einem luftdichten Behälter sind sie etwa 2 Wochen haltbar.

Diese toskanische Spezialität, die ursprünglich als Weihnachtsgeschenk überreicht wurde, stammt aus der Stadt Siena. Doch es gibt keinen Grund, warum man diese Delikatesse nicht auch zu anderer Zeit genießen sollte. Der Legende nach verdanken die Kekse ihre Entstehung dem edlen Ritter Ricciardetto della Gheradesca. Man feierte seine sichere Rückkehr von den Kreuzzügen mit der Kreation dieser Kekse, die Mandeln aus dem Orient enthielten und mit ihrer spitzen Form an türkische Pantoffeln erinnerten. Das Originalrezept verwendet gemahlene Bittermandeln, doch normale gemahlene Mandeln mit ein paar Tropfen Bittermandelaroma schmecken ebenso gut. Da das Rezept kein Mehl enthält, sind die Kekse ideal für alle, die sich glutenfrei ernähren. In Italien sind sie zwar in guten Konditoreien und Bäckereien erhältlich, doch sie sind so schnell selbst gebacken! Wer es nicht so süß mag, nimmt weniger Zucker.

# RICCIARELLI

## Toskanische Mandelkekse (glutenfrei)

Ergibt ca. 15 Kekse

250 g gemahlene Mandeln
180 g Puderzucker, plus mehr zum Bestäuben
1 TL Bittermandelaroma oder Vanilleextrakt
2 Eiweiße (Größe S)

Gemahlene Mandeln und Puderzucker in einer großen Schüssel vermengen, dann Bittermandelaroma oder Vanilleextrakt zugeben.

In einer weiteren Schüssel die Eiweiße steif schlagen. Den Eischnee unter die Mandelmischung heben, sodass ein klebriger Teig entsteht. Den Teig in Frischhaltefolie wickeln und über Nacht oder mindestens 12 Stunden im Kühlschrank aufbewahren.

Den Backofen auf 150 °C (Umluft) vorheizen. Ein Backblech mit Backpapier auslegen.

Eine Arbeitsfläche mit ein wenig Puderzucker bestäuben und den Teig mit den Händen zu einer langen, dicken Rolle formen. Stücke à 30 g abschneiden, jeweils flach drücken (1 cm dick) und zu länglichen Rauten ziehen (10 cm lang). Alle mit reichlich Puderzucker bestäuben, dann auf das Backblech legen.

Die Kekse 12 Minuten im Ofen backen. Sie dürfen nicht anbräunen, sondern sollen weiß bleiben. Herausnehmen und einige Minuten auf dem Backblech ruhen lassen. Dann zum kompletten Auskühlen auf ein Kuchengitter legen. Gleich verzehren oder bis zu 1 Woche in einem luftdichten Behälter aufbewahren.

Die toskanischen *Cantuccini* haben eine enorme Entwicklung durchgemacht. Ursprünglich wurden sie mit Mandeln gebacken und zu besonderen Anlässen in den Dessertwein Vin Santo gedippt. Heute enthalten sie alle möglichen Zutaten und Aromen. Mir schmeckt diese Version mit Pistazien und weißer Schokolade besonders gut, die ich gerne am Vormittag zu einer Tasse Cappuccino genieße.

# CANTUCCINI CON PISTACCHIO E CIOCCOLATO BIANCO

*Cantuccini* mit Pistazien und weißer Schokolade

**Ergibt ca. 24 Kekse**

**150 g Pistazienkerne**
**300 g Weizenmehl Type 405, gesiebt**
**½ TL Backpulver, gesiebt**
**1 Prise Salz**
**2 Bio-Eier**
**80 g Zucker**
**60 g Crème double**
**100 g weiße Schokolade, grob gehackt**

Den Backofen auf 200 °C (Umluft) vorheizen.

Die Pistazien auf einem Backblech verteilen und 10 Minuten im Ofen rösten. Herausnehmen und beiseitestellen.

Die Backofentemperatur auf 170 °C reduzieren. Ein Backblech mit Backpapier auslegen.

Mehl, Backpulver und Salz in eine Schüssel sieben. Eier und Zucker in einer großen Schüssel schaumig schlagen. Crème double unterrühren und die Mehlmischung einarbeiten. Schokolade und Pistazien zufügen und alles gründlich zu einem Teig verarbeiten.

Den Teig halbieren und jede Hälfte zu einer langen Wurst rollen (35 cm lang, 5 cm ø). Auf das Backblech legen und 15 Minuten im Ofen backen.

Herausnehmen und jede Wurst mit einem scharfen Messer diagonal in 2 cm breite Scheiben schneiden. Flach auf das Backblech legen und weitere 10 Minuten backen, bis die Kekse knusprig sind. Aus dem Backofen nehmen, abkühlen lassen und servieren. In einem luftdichten Behälter sind sie bis zu 1 Woche haltbar.

Diese traditionellen neapolitanischen Plätzchen sind seit Jahrhunderten bekannt und werden meist zu Weihnachten gebacken. Der Name bezieht sich auf das Wort »mosto«, also Most, denn damit wurden sie früher gesüßt. Die Kekse in klassischer Rautenform werden in der gesamten Region in Confiserien verkauft. Mich erinnern sie immer an unser Weihnachtsfest zu Hause. Das Rezept ergibt viele Plätzchen, denn in Italien ist es Tradition, reichlich Kekse zu backen und sie Familie und Freunden als Geschenk zu überreichen. Man muss auch nicht die gesamte Menge auf einmal zubereiten – der Teig lässt sich prima einfrieren. Damit sie noch weihnachtlicher wirken, habe ich Sternausstecher gewählt.

# MOSTACCIOLI

## Weihnachtsplätzchen

**Ergibt ca. 60 Kekse**

**1 kg Weizenmehl Type 405, gesiebt, plus mehr zum Arbeiten**
**2 TL Backpulver, gesiebt**
**600 g Zucker**
**15 g Lebkuchengewürz**
**300 g gemahlene Mandeln**
**50 g Kakaopulver, gesiebt**
**200 ml flüssiger Honig**
**200 g Aprikosenkonfitüre**
**175 ml Dessertwein (z. B. Marsala oder Vin Santo)**

**Für den Überzug:**
**1,2 kg Zartbitterschokolade (mind. 70 % Kakao), in Stücke gebrochen**

Alle Zutaten mit 175 ml Wasser in einer großen Schüssel oder auf einer sauberen Arbeitsfläche zu einem glatten Teig verarbeiten. Zu einer Kugel formen, in Frischhaltefolie wickeln und 24 Stunden kalt stellen.

Den Backofen auf 160 °C (Umluft) vorheizen. Zwei Backbleche mit Backpapier auslegen.

Den Teig auf einer leicht bemehlten Arbeitsfläche 1 cm dick ausrollen und mit einem sternförmigen Ausstecher (10 cm ⌀) Kekse ausstechen. Überschüssiges Mehl mit etwas Wasser abstreifen. Auf das Backblech legen und 20 Minuten im Ofen backen.

Herausnehmen und einige Minuten auf dem Backblech ruhen lassen. Dann zum kompletten Auskühlen auf ein Kuchengitter legen.

Für den Überzug die Schokolade in einer feuerfesten Schüssel im Wasserbad schmelzen. Die Unterseite der Schüssel darf dabei das Wasser nicht berühren. Die Kekse in die Schokolade tauchen und komplett damit überziehen. Über Nacht auf Backpapier trocknen lassen. In einem luftdichten Behälter sind sie bis zu 1 Monat haltbar.

Kuchen und Kekse aus gemahlenen Mandeln sind typisch sizilianisch, da auf der Insel viele Mandelbäume gedeihen. Traditionell werden diese Kekse nur für besondere Anlässe wie Hochzeiten oder Taufen gebacken, meist in verschiedenen Farben. Sie sind im Nu fertig, sehen hübsch aus und lassen sich ganz nach Geschmack einfärben und dekorieren. Aber auch ohne Farbe und Belag schmecken sie köstlich. Ideal für alle mit einer Glutenunverträglichkeit!

# PASTICCINI DI MANDORLA SICILIANI COLORATI

Bunte Mandelkekse aus Sizilien (glutenfrei)

**Ergibt ca. 24 Kekse**

**2 Eiweiß**
**250 g gemahlene Mandeln**
**220 g Zucker, plus mehr zum Bestreuen**
**2 TL flüssiger Honig**
**4 Tropfen Bittermandelaroma**
**Abrieb von 1 Bio-Orange**
**grüne und rote Lebensmittelfarbe**
**etwas Puderzucker, gesiebt, zum Bestreuen**
**kandierte Kirschen, kandierte Engelwurz und ganze Mandeln zum Garnieren**

Den Backofen auf 160 °C (Umluft) vorheizen. Ein Backblech mit Backpapier auslegen.

Die Eiweiße fast steif schlagen und beiseitestellen.

Gemahlene Mandeln und Zucker in einer großen Schüssel vermischen. Honig, Bittermandelaroma und Orangenabrieb unterrühren. Den Eischnee unterheben und alles vorsichtig zu einer glatten, klebrigen Masse vermengen.

Die Mischung in drei Portionen teilen. Eine Portion mit einigen Tropfen roter Lebensmittelfarbe einfärben und kneten, bis die Farbe gleichmäßig verteilt ist. Eine weitere Portion mit der grünen Farbe einfärben und die dritte Portion teigfarben lassen.

Die Portionen nacheinander in eine Spritztüte mit großer, sternförmiger Tülle füllen und Rosetten (5 cm ⌀) auf das Backblech spritzen. Da die Mischung recht fest ist, benötigt man etwas Geduld für dieses Spritzgebäck, doch die Mühe lohnt sich!

Etwas Puder- und normalen Zucker vermengen und die Rosetten damit bestreuen, dann mit Kirschen, Engelwurz und Mandeln verzieren. Etwa 7–10 Minuten im Ofen backen, bis sie gerade ein wenig Farbe bekommen.

Herausnehmen und abkühlen lassen. Währenddessen härten die Kekse ein wenig aus. In einem luftdichten Behälter sind sie bis zu 1 Woche haltbar.

Diese leichten Löffelbiskuits werden häufig für italienische Desserts wie *Tiramisu* und *Zuppa inglese* verwendet. Doch sie schmecken auch herrlich, wenn man sie in Tee oder Cappuccino dippt. Da *Savoiardi* kein Fett enthalten und leicht verdaulich sind, werden sie in Italien gerne von kleinen Kindern, Genesenden und älteren Menschen gegessen. Obwohl sie als industriell hergestelltes Produkt in den meisten Läden zu finden sind, lassen sie sich ganz einfach daheim selbst backen.

# SAVOIARDI ALLA VANIGLIA

Löffelbiskuits mit Vanille

Ergibt ca. 20 Biskuits

2 Bio-Eier, getrennt
70 g Zucker
35 g Weizenmehl Type 405, gesiebt
2 TL Kartoffelmehl, gesiebt
1 Prise Salz
Mark von 1 Vanilleschote
2 TL Puderzucker, gesiebt

Den Backofen auf 180 °C (Umluft) vorheizen. Zwei Backbleche mit Backpapier auslegen.

Die beiden Eigelbe mit 2 EL Zucker in einer Schüssel schaumig schlagen. In einer weiteren Schüssel die beiden Eiweiße steif schlagen, dabei 2 EL Zucker einrieseln lassen.

Beide Mehlsorten und Salz vermengen und unter die Eigelbmischung heben. Vanillemark einrühren und den Eischnee unterheben, bis eine homogene Masse entstanden ist.

Die Mischung in einen Spritzbeutel mit glatter Tülle füllen und Löffelbiskuits von 10 cm Länge auf die Backbleche auftragen. Dabei auf reichlich Abstand achten, da sie sich während des Backens ausdehnen.

Puder- und restlichen normalen Zucker vermengen und die *savoiardi* damit bestreuen. Etwa 10 Minuten im Ofen backen, bis die Kekse leicht goldbraun sind. In einem luftdichten Behälter sind sie bis zu 1 Woche haltbar.

# TORTE

Wer kann schon selbst gebackenem Kuchen widerstehen? Die Kuchen von einst haben allerdings nur wenig mit den heutigen Formen gemeinsam – oft konnte man sie nur von Brot unterscheiden, weil sie rund waren und vielleicht noch etwas Honig beigemengt war. Die alten Römer gaben Butter und Eier hinzu, wodurch die Konsistenz schon deutlich kuchenähnlicher war, aber noch immer weit von dem entfernt, was wir heute kennen.

Wie bei den meisten Rezepten haben sich die Zutaten auch beim Kuchenbacken im Laufe der Zeit verändert, doch die Grundzutaten Mehl, Zucker, Eier und Butter sind oft gleich geblieben – auch wenn manchmal die Butter weggelassen wird. Eine gängige Methode besteht darin, die Eier zu trennen, die Eigelbe mit Zucker zu verquirlen und das Eiweiß steif zu schlagen. Nachdem Mehl untergehoben wurde, vermengt man alles miteinander. Das Resultat ist ein leichter, fettarmer Biskuitteig – *pan di spagna* –, der die Basis vieler festlicher Torten bildet. Sie werden in Konditoreien in ganz Italien verkauft, aber tatsächlich sind sie auch leicht selbst herzustellen.

In Italien wird beim Backen gerne Olivenöl genommen; traditionell bereiteten Hausfrauen herrlich saftige Kuchen damit zu. Auch Ricotta und Naturjoghurt sind beliebte und fettärmere Zutaten als Butter.

Wie beinahe überall auf der Welt stehen Kuchen und Torten auch bei uns für Festlichkeit, ob es sich nun um einen schlichten Biskuit für den Kindergeburtstag handelt oder um eine prachtvolle Hochzeitstorte. Im Laufe der Zeit wurden die Rezepte immer ausgefeilter, und selbst Kuchen für den Kindergeburtstag werden heute mit einem Motto versehen, wie Superhelden oder Figuren aus einem Comic. In meiner Kindheit war ein schlichter hausgemachter Biskuitkuchen mit Puderzucker die Norm, doch heutzutage sind Lebensmittelfarben, Fondant und ungewöhnliche Backformen in Fachgeschäften und online erhältlich – es fällt also leichter, kreativ zu werden.

In Italien ist Kuchen mit frischen Früchten sehr beliebt. Hört man einen Italiener allerdings über »plum cake« (siehe S. 213) reden, so hat dies nichts mit frischen Pflaumen zu tun. Gemeint ist damit vielmehr ein Kuchen, der in einer Kastenform gebacken und mit Trockenfrüchten oder Chocolate Chips angereichert wurde.

Trotz all der Fortschritte ist mir ein schlichter Teig wie Biskuit oder ein Kuchen mit Olivenöl noch immer am liebsten – man braucht keinen festlichen Anlass, um ihn zu genießen. Wenn möglich, am besten mit sehr gutem Mehl, feinstem Backzucker, Butter von hervorragender Qualität und Bio-Eiern aus Freilandhaltung arbeiten. In meiner Kindheit war die Farbe des Biskuits leuchtend gelb, weil die Eier so frisch und gut waren. Immer, wenn ich aufs Land fahre, stocke ich meinen Vorrat an frischen Eiern auf; es gibt nichts Köstlicheres als einen schlichten Kuchen aus besten Zutaten.

TIPPS ZUM KUCHENBACKEN:

• Immer die besten Zutaten verwenden, die man sich leisten kann, vor allem Butter und Eier; man schmeckt den Unterschied.

• Den Backofen auf die richtige Temperatur vorheizen.

• Die korrekte Größe für die Backform laut Rezept beachten.

• Die Backformen nach Anweisung einfetten und/oder mit Backpapier auslegen.

• Wird im Rezept verlangt, die Eier zu trennen, Eigelbe und Zucker mindestens 5 Minuten lang sehr gut schlagen, am besten mit einem elektrischen Rührgerät, bis die Masse leicht und cremig ist. Die Rührbesenaufsätze gründlich reinigen und das Eiweiß in einer sauberen, trockenen Schüssel steif schlagen.

• Ein langes hölzernes Stäbchen bereitlegen, um später die Garprobe zu machen.

• Den Kuchen immer vollständig abkühlen lassen, bevor er dekoriert oder mit Puderzucker bestäubt wird.

Dieser typisch italienische Biskuitteig kommt gerne an Geburtstagen oder anderen festlichen Anlässen zum Einsatz und bildet auch die Basis vieler Desserts. Nach dem Backen wird der Biskuit mit einer Sirupmischung aus Wasser und Alkohol beträufelt, um ihm mehr Feuchtigkeit zu geben. Sollten Kinder mitessen, kann der Alkohol durch frisch gepressten Orangensaft ersetzt werden; allerdings ist er wirklich stark verdünnt. Ich verwende gerne Marsala, er ist eigentlich überall zu bekommen. Häufig wird Vanillecreme (*crème patissiere*) als Füllung verwendet, manchmal auch mit etwas Kakaopulver versetzt. Für eine besondere Torte werden drei oder vier Lagen Biskuit gebacken, die abwechselnd mit unterschiedlichen Cremes, wahlweise Schlagsahne und/oder Konfitüre bestrichen und mit gemischten Früchten gekrönt werden. Ich mache aber gerne auch einfach nur den Biskuit ohne Sirup und Füllung und genieße ihn mit meinem morgendlichen Espresso. In dem Fall empfiehlt es sich, die Zutatenmenge zu halbieren und den Teig nur 20–25 Minuten in einer kleineren Biskuitform (20 cm ø) zu backen. Für hervorragenden Biskuit sollten nur beste Freilandeier verwendet werden. Durch das Unterschlagen von Luft beim langen Verquirlen der Eier mit dem Zucker wird der Teig schön leicht und luftig und benötigt keine weiteren Triebmittel wie Backpulver.

# TORTA PAN DI SPAGNA

## Italienischer Biskuit

Für 8 Personen

Für den Biskuit:
180 g Zucker
6 Bio-Eier
1 Prise Salz
1 TL Vanilleextrakt
180 g Weizenmehl Type 405, gesiebt, plus mehr für die Form
Butter für die Form

Für die Creme:
250 ml Milch
½ Vanilleschote
3 Bio-Eigelb
100 g Zucker
25 g Speisestärke

Für den Sirup:
70 ml Marsala
30 g Zucker
3 Streifen Bio-Orangenschale
3 Streifen Bio-Zitronenschale

>>

<<

Den Backofen auf 160 °C (Umluft) vorheizen. Eine runde Kuchenform (26 cm ⌀) leicht einfetten und mit Mehl bestäuben.

Mit einem Mixer Zucker und Eier 15 Minuten zu einer leichten und cremigen Masse schlagen, bis die Mischung die für einen Biskuit wichtige »ribbon stage« erreicht hat: Hebt man den Rührbesenaufsatz, tropft die Mischung wie ein Band zurück in die Schüssel und behält dort für eine kurze Weile ihre Form. Nach der Hälfte der Rührzeit Salz und Vanilleextrakt zugeben. Mit einem Teigspatel nach und nach das Mehl unterheben und einarbeiten. Die Mischung in die vorbereitete Backform gießen und 40 Minuten im Ofen goldbraun backen. Mit einem hölzernen Stäbchen die Garprobe machen; bleibt kein feuchter Teig mehr haften, ist der Kuchen fertig.

Aus dem Backofen nehmen und einige Minuten ruhen lassen, dann aus der Form lösen und auf einem Kuchengitter vollständig auskühlen lassen. Horizontal halbieren und beiseitestellen.

Für die Creme die Milch mit der Vanilleschote in einem kleinen Topf erhitzen, bis die Milch zu sieden beginnt. In der Zwischenzeit Eigelbe und Zucker in einer großen Schüssel zu einer leichten und cremigen Masse verquirlen. Speisestärke zugeben und weiterschlagen, dann nach und nach unter Rühren die heiße Milch in die Eimischung gießen. Kontinuierlich schlagen, damit sich keine Klümpchen bilden. Die Masse in den Topf geben und bei mittlerer Temperatur erhitzen, dabei ständig mit einem Holzlöffel rühren. Sobald die Mischung zu köcheln beginnt, vom Herd nehmen, in eine Schüssel gießen und abkühlen lassen. Vanilleschote entfernen.

Für den Sirup alle Zutaten mit 300 ml Wasser in einem kleinen Topf bei mittlerer Temperatur erhitzen. Kontinuierlich rühren, bis sich der Zucker aufgelöst hat und die Flüssigkeit auf etwa zwei Drittel reduziert ist. Vom Herd nehmen und vollständig abkühlen lassen. Zitrusschalen entfernen. Sirup über beide Biskuitlagen träufeln oder pinseln.

Den unteren Biskuitboden auf eine Platte legen und mit der Vanillecreme bestreichen, die andere Biskuitlage darauf platzieren. Nach Belieben dekorieren.

In Italien kombiniert man Kuchen gerne mit frischen Früchten; meine Großmutter hatte ein sehr ähnliches Rezept wie dieses, nur dass sie anstelle von Birnen Äpfel verwendete – gibt es eine bessere Art und Weise, um mehr Obst auf den Speiseplan zu bringen? Birnen und Zartbitterschokolade passen wirklich wunderbar zusammen!

# TORTA DI PERE E CIOCCOLATO

## Birnenkuchen mit Schokolade

Für 6–8 Personen

3 Bio-Eier
150 g Zucker
85 g weiche Butter, plus mehr für die Form
300 g Weizenmehl Type 405, gesiebt
2 TL Backpulver
Mark von 1 Vanilleschote
Abrieb von 1 kleinen Bio-Zitrone
3 reife Birnen, geschält, entkernt und gewürfelt
75 g Zartbitterschokolade (mind. 70 % Kakao), in kleine Stücke gebrochen

Zum Garnieren:
100 g Zucker
15 g Butter
2 Birnen, in sehr dünne Scheiben geschnitten
Puderzucker zum Bestäuben (nach Belieben)

Den Backofen auf 180 °C (Umluft) vorheizen. Eine Springform (20 cm ø) einfetten und mit Backpapier auslegen.

Eier und Zucker in einer großen Schüssel zu einer cremigen Masse verquirlen. Butter gut einarbeiten. Mehl, Backpulver, Vanille und Zitronenabrieb zugeben, dann Birnen und Schokolade unterheben. Die Mischung in die Backform geben und 45 Minuten im Ofen backen. Mit einem hölzernen Stäbchen die Garprobe machen; bleibt kein feuchter Teig mehr haften, ist der Kuchen fertig. Aus dem Backofen nehmen und abkühlen lassen, dann Teigboden lösen und auf eine Servierplatte setzen.

Zum Garnieren den Zucker in einer breiten Sauté-Pfanne bei mittlerer Temperatur erhitzen. Nicht umrühren, die Pfanne nur hin und wieder leicht schwenken, bis der Zucker nach etwa 5 Minuten zu schmelzen beginnt. 10 Minuten weiter erhitzen und vorsichtig mit einem Holzlöffel umrühren, bis sich der Zucker in dunkles Karamell verwandelt hat. Butter einrühren, die Birnenscheiben zugeben und wenden, um sie mit der karamellisierten Masse zu überziehen. Etwa 3–4 Minuten goldbraun rösten. Auf dem Kuchen arrangieren und nach Belieben mit Puderzucker bestäuben.

Das Rezept für diesen glutenfreien Kuchen stammt aus Varese, einer Stadt in der nördlichen Lombardei, wo Polenta einst zu den Hauptnahrungsmitteln gehörte. Man kennt ihn auch unter dem Namen *Dolce di Varese*. Der traditionelle und beliebte Sonntagskuchen ist mit Mandeln angereichert, leicht herzustellen und wird heute in der gesamten Region in Konditoreien und Cafés angeboten.

# AMOR DI POLENTA!

Polenta-Mandel-Kuchen (glutenfrei)

Für 6 Personen

100 g weiche Butter
100 g Zucker
2 Bio-Eier, leicht verquirlt
100 g Minutenpolenta
80 g glutenfreies weißes Mehl
½ TL glutenfreies Backpulver
75 g gemahlene Mandeln
1 TL Vanilleextrakt
1 EL Amarettolikör

Den Backofen auf 160 °C (Umluft) vorheizen und eine Kastenform (19 cm x 8 cm) mit Backpapier auslegen.

Butter und Zucker in einer großen Schüssel zu einer cremigen Masse schlagen. Nach und nach erst die Eier zugeben, dann Polenta, Mehl, Backpulver und Mandeln. Vanille und Amaretto zufügen und gut einarbeiten.

Die Mischung in die Kastenform füllen und 35 Minuten im Ofen goldbraun backen. Mit einem hölzernen Stäbchen die Garprobe machen; bleibt kein feuchter Teig mehr haften, ist der Kuchen fertig.

Aus dem Backofen nehmen und leicht abkühlen lassen, dann aus der Form lösen.

Dies ist eine Variante des mit Olivenöl zubereiteten Kuchens, der früher in italienischen Haushalten gebacken wurde. Traditionell verwendete man Olivenöl anstelle von Butter; das Öl verleiht dem Teig eine leichtere Konsistenz und ist auch noch gesünder. Ich habe das Grundrezept abgewandelt und durch Zitrone und Rosmarin ergänzt. Serviert mit Himbeer-Coulis, ist dieser Kuchen ein wundervolles Dessert. Man kann Zitrone und Rosmarin auch durch Orangenabrieb oder geraspelte Schokolade oder andere Aromen ersetzen, und die Coulis aus Erdbeeren oder einer Beerenmischung herstellen.

# TORTA ALL'OLIO CON LIMONE E ROSMARINO SERVITA CON SALSINA DI LAMPONI

## Kuchen mit Olivenöl, Zitrone und Rosmarin, serviert mit Himbeer-Coulis

Für 6 Personen

175 g Weizenmehl Type 405, gesiebt
1 TL Backpulver
175 g Zucker
Abrieb von 2 großen Bio-Zitronen
2 TL fein gehackte Rosmarinnadeln
220 ml natives Olivenöl extra
5 Bio-Eier, leicht verquirlt
etwas Puderzucker zum Bestäuben

Für die Himbeer-Coulis (nach Belieben):
200 g Himbeeren
50 g Zucker
frisch gepresster Saft von 1 Blutorange

Backofen auf 140 °C (Umluft) vorheizen und eine Springform (20 cm ø) mit Backpapier auslegen.

Mehl, Backpulver, Zucker, Zitronenabrieb und Rosmarin in einer großen Schüssel vermengen. Olivenöl und Eier zugeben und gut einarbeiten. In die Kuchenform füllen und auf unterster Schiene 55–60 Minuten im Ofen backen. Mit einem hölzernen Stäbchen die Garprobe machen; bleibt kein feuchter Teig mehr haften, ist der Kuchen fertig.

Aus dem Ofen nehmen und kurz ruhen lassen. Den Kuchen aus der Form lösen und vollständig auskühlen lassen, dann mit Puderzucker bestäuben.

Für die Coulis alle Zutaten in einen kleinen Topf geben, einige Himbeeren beiseitelegen. Bei mittlerer Temperatur 7 Minuten köcheln, bis die Sauce eindickt. Vom Herd nehmen, leicht abkühlen lassen, die ganzen Himbeeren einrühren und mit dem Kuchen servieren.

SHEFFIELD ENGLAND
CUTLERY

In Italien ist »plum cake« nicht gleichbedeutend mit Pflaumenkuchen – es bezeichnet einen Kuchen in Kastenform, der für gewöhnlich mit Trockenfrüchten gebacken wird. Als ich kürzlich meine Heimatstadt besuchte, backte meine Nichte Anna eines dieser köstlichen Exemplare mit Chocolate Chips und bezeichnete ihn als »plum cake«. Auch zum Frühstück in meinem Hotel wurde ein ähnlicher Kuchen serviert, und Liz konnte gar nicht genug davon kriegen! Also fand ich es nur folgerichtig, das Rezept in dieses Buch mit aufzunehmen und Anna zu widmen. Da der Kuchen mit Ricotta anstelle von Butter gebacken wird, ist er fettärmer, schmeckt aber dennoch wundervoll.

# PLUM CAKE DI ANNA

## Kastenkuchen mit Chocolate Chips und Ricotta

Für 6–8 Personen

250 g Ricotta
250 g Zucker
4 Bio-Eier, getrennt
Mark von 1 Vanilleschote
250 g Weizenmehl Type 405, gesiebt
1 ½ TL Backpulver
1 Prise Salz
80 g dunkle Chocolate Chips

Den Backofen auf 160 °C (Umluft) vorheizen und eine Kastenform (24 cm x 13 cm) mit Backpapier auslegen.

Ricotta und Zucker in einer großen Schüssel verquirlen, die Eigelbe zugeben und zu einer leichten und cremigen Masse schlagen. Vanillemark einrühren, Mehl, Backpulver und Salz zufügen und zum Schluss die Chocolate Chips einstreuen.

In einer weiteren Schüssel das Eiweiß steif schlagen, unter die Teigmischung heben und gut einarbeiten. Die Mischung in die Backform gießen und 50–60 Minuten im Ofen backen. Mit einem hölzernen Stäbchen die Garprobe machen; bleibt kein feuchter Teig mehr haften, ist der Kuchen fertig. Mit Alufolie abdecken, falls die Oberseite zu schnell bräunt.

Aus dem Backofen nehmen und abkühlen lassen, dann den Kuchen aus der Form lösen und servieren.

Dieser *ciambella* schmeckt genau so, wie ein italienischer Kuchen aus einer traditionellen Ringform schmecken sollte. Da Olivenöl und Joghurt anstelle von Butter verwendet werden, ist der Teig sehr leicht und zart. Vorsicht beim Lösen aus der Form – er kann leicht brechen. Ansonsten ist er aber wirklich einfach zuzubereiten. Er erinnert mich an die köstlichen Kuchen, die meine Tanten und Schwestern in meiner Kindheit gebacken haben.

# CIAMBELLA ALLO YOGURT E ARANCIA

## Ringkuchen mit Joghurt und Orange

Für 10 Personen

300 g Zucker
3 Bio-Eier (Größe L)
Abrieb und frisch gepresster Saft von 1 Bio-Orange
250 ml natives Olivenöl extra, plus mehr für die Form
100 g Bio-Naturjoghurt
300 g Weizenmehl Type 405, gesiebt, plus mehr für die Form
3 TL Backpulver, gesiebt

Für den Guss:
90 g Bio-Naturjoghurt
Mark von 1 Vanilleschote
Abrieb und frisch gepresster Saft von 1 Bio-Orange
1 EL Puderzucker, gesiebt
Bio-Orangenschalenstreifen zum Garnieren

Den Backofen auf 180 °C (Umluft) vorheizen. Eine Springform mit Rohrboden (26 cm ø) einfetten und mit Mehl bestäuben.

Zucker und Eier in einer großen Schüssel schlagen, bis die Mischung cremig ist und einen weißen Farbton angenommen hat. Erst Orangenabrieb und -saft, dann Olivenöl und Joghurt zugeben und weiterschlagen. Mehl und Backpulver zufügen und gut einarbeiten. Die Mischung in die Backform füllen und 40–45 Minuten im Ofen goldbraun backen. Mit einem hölzernen Stäbchen die Garprobe machen; bleibt kein feuchter Teig mehr haften, ist der Kuchen fertig.

Aus dem Backofen nehmen und vollständig abkühlen lassen, dann den Kuchen aus der Form lösen.

Für den Guss Joghurt, Vanillemark, Orangenabrieb und -saft sowie Puderzucker vermengen. Auf dem Kuchen verteilen und mit Orangenschalenstreifen garnieren.

Ich liebe Marmorkuchen mit seiner Kombination aus Naturteig und Schokolade. Um dem Ganzen einen italienischen Touch zu geben, habe ich etwas Espresso zugefügt und statt der üblichen Ringform eine Kastenform gewählt. Er ist leicht und zart und die perfekte Ergänzung zum morgendlichen Espresso.

# DOLCE MARMORIZZATO ALL'ESPRESSO

## Marmorkuchen mit Espresso

Für 6 Personen

1 starker Espresso (60 ml)
4 EL lauwarme Milch
Mark von 1 Vanilleschote oder 1 TL Vanilleextrakt
210 g weiche Butter, plus mehr für die Form
230 g Zucker
4 Bio-Eier, getrennt
240 g Weizenmehl, gesiebt
1 ½ TL Backpulver
30 g Kakaopulver, gesiebt
Puderzucker zum Bestäuben

Den Backofen auf 160 °C (Umluft) vorheizen. Eine Kastenform (24 cm x 13 cm) einfetten und mit Backpapier auslegen.

Den Espresso mit 2 EL Milch und Vanillemark in einer kleinen Schüssel vermengen und beiseitestellen.

Butter und die Hälfte des Zuckers in einer großen Schüssel zu einer cremigen Masse verquirlen. In einer weiteren Schüssel Eigelbe und restlichen Zucker schaumig schlagen. Die beiden Mischungen vermengen und Mehl sowie Backpulver unterheben. Die Hälfte der Mischung in eine weitere Schüssel füllen. Eine Teighälfte mit Espressomischung versetzen. Den anderen Teig mit Kakaopulver und restlicher Milch verrühren. Die Eiweiße steif schlagen, auf die beiden Teigmischungen verteilen und unterheben.

Abwechselnd Kleckse der beiden Mischungen in die Kastenform geben und die Oberfläche glatt streichen. Etwa 1 Stunde im Ofen backen. Mit einem hölzernen Stäbchen die Garprobe machen; bleibt kein feuchter Teig mehr haften, ist der Kuchen fertig.

Aus dem Backofen nehmen und abkühlen lassen, dann auf eine Platte setzen. Vor dem Servieren mit Puderzucker bestäuben.

Diese glutenfreie Maronen-Spezialität wird im Herbst in der Emilia Romagna, Ligurien und der Toskana häufig gebacken, wo es Esskastanien in Hülle und Fülle gibt – es sollen die besten in ganz Italien sein. Die Wurzeln dieses Rezepts reichen weit zurück, da Esskastanien einst zu den Grundnahrungsmitteln zählten: Sie wurden gemahlen und für alle möglichen Gerichte verwendet, darunter auch Kuchen wie diese *castagnaccio*, zu denen Wasser und Rosmarin hinzugefügt wurde, manchmal auch Trockenfrüchte. Im Laufe der Zeit entwickelte sich das Rezept, wie so viele Gerichte aus der Arme-Leute-Küche, zu einer begehrten Delikatesse, die noch mit Milch, Pinienkernen und Zartbitterschokolade verfeinert werden kann. Mehl aus Esskastanien ist in Feinkostläden erhältlich.

# CASTAGNACCIO
Kastanienkuchen (glutenfrei)

Ergibt 10 Stücke

200 g Kastanienmehl
1 Prise Salz
40 g Zucker
450 ml Milch
2 EL natives Olivenöl extra, plus mehr für das Blech
1 EL Marsala oder anderer Dessertwein
15 g Rosinen, in Marsala oder anderem Dessertwein eingeweicht
20 g Pinienkerne
Nadeln von 1 Rosmarinzweig
40 g Zartbitterschokolade (mind. 70 % Kakao), in Späne gehobelt

Den Backofen auf 180 °C (Umluft) vorheizen und ein flaches Backblech (20 cm x 30 cm) mit Olivenöl einfetten.

Mehl, Salz und Zucker in einer großen Schüssel vermengen. Nach und nach Milch, Olivenöl und 1 EL Marsala zugeben und gut vermischen, damit sich keine Klümpchen bilden. Rosinen, Pinienkerne, Rosmarin und die Hälfte der Schokolade einrühren. Die Mischung in die Backform gießen, mit den restlichen Schokospänen bestreuen und 30 Minuten im Ofen backen. Mit einem hölzernen Stäbchen die Garprobe machen; bleibt kein feuchter Teig mehr haften, ist der Kuchen fertig.

Aus dem Backofen nehmen und in der Form abkühlen lassen, dann zum Servieren in Stücke schneiden.

# REGISTER

## P



## R



## S

# DANKE

An Liz Przybylski für die Rezeptrecherche- und entwicklung, an Adriana Contaldo für das Testen der Rezepte und das Kochen zu den Fotoshootings, an Dan Jones für die wunderschönen Fotos, an Emily Ezekiel für das herrliche Food Styling, an Alexander Breeze für die Auswahl der Requisiten, an die immer liebenswerte und engagierte Emily Preece-Morrison, an Laura Russell und Miranda Harvey für das fantastische Design und schließlich an Kathy Steer für die schnelle Korrektur!

Titel der englischen Originalausgabe:
»Gennaro's Italian Bakery«
First published in the United Kingdom in 2016
by Pavilion, 1 Gower Street, London WC1E 6HD



Deutsche Erstausgabe
3. Auflage 2024

Bauhof 1, 90556 Cadolzburg, Germany

www.arsvivendi.com

Deutsche Übersetzung: Manuela Schomann
Lektorat: Simone Gerlach
Satz: ars vivendi
Umschlaggestaltung: ars vivendi

ISBN: 978-3-7472-0243-2
Printed and bound in Malaysia